The Series in the Applied Ethics of Contemporary Science and Technology

当代科学技术应用伦理学丛书

名誉主编：陈　凡　丛书主编：赵迎欢 宋吉鑫

The Research of Network Ethics

网络伦理学研究

宋吉鑫◎著

科学出版社

北　京

图书在版编目(CIP)数据

网络伦理学研究/宋吉鑫著.—北京：科学出版社，2012
（当代科学技术应用伦理学丛书/赵迎欢，宋吉鑫主编）
ISBN 978-7-03-035559-1

Ⅰ.①网… Ⅱ.①宋… Ⅲ.①计算机网络-伦理学 Ⅳ.①B82-057

中国版本图书馆 CIP 数据核字（2012）第 214644 号

责任编辑：樊 飞 侯俊琳 王昌凤 / 责任校对：林青梅
责任印制：徐晓晨 / 封面设计：无极书装
编辑部电话：010-64035853
E-mail：houjunlin@mail.sciencep.com

科学出版社出版
北京东黄城根北街16号
邮政编码：100717
http://www.sciencep.com
北京凌奇印刷有限责任公司 印刷
科学出版社发行 各地新华书店经销
*
2012年10月第 一 版 开本：B5（720×1000）
2021年 7 月第六次印刷 印张：11
字数：240 000

定价：58.00 元

（如有印装质量问题，我社负责调换）

总　序

Perface

他山之石，攻己之玉

20 世纪 80 年代以来，以信息技术、生物技术、纳米技术和认知科学技术为代表的四大汇聚技术对人类的生产、生活乃至思维观念均产生了深远影响。随着现代科学技术日益成为生产、生活、生命和生态中的显象，科学技术应用伦理学也合乎逻辑地成为当代科学技术哲学研究中的显学。西方许多学者在广泛研究的基础上，提出了技术哲学的“经验转向”、技术哲学的“伦理转向”，乃至深入探索“技术伦理的设计转向”。欧美学者紧密关注工程设计中的伦理问题和信息技术与道德哲学研究，他们的观点和思想启迪中国学者对当代科学技术伦理学的研究进路、研究重点、研究方向、研究方法、研究热点及研究程度进行深入挖掘。

翻译荷兰著名学者和专家的著作有助于我们更好地理解作者的思想和中西文化在技术伦理研究中的碰撞和融合，使中国学者的研究不断追踪学科前沿并与国际接轨，以求在立足“本土化”

的前提下，逐渐走向“国际化”。这必将有利于促进中国特色的科学技术伦理思想的建构与完善，弘扬中国传统文化中的伦理精神，提升中国传统文化与当代人文精神的交融。

赵迎欢教授和宋吉鑫教授主编的“当代科学技术应用伦理学丛书”，是科学技术和伦理学研究交叉学科的最新成果。其中《安全与可持续：工程设计中的伦理问题》和《信息技术与道德哲学》两部译著均对科学、技术、工程中的伦理问题进行了探索，并从认识论、方法论和价值论视角提出相关的伦理原则和伦理精神，是点亮当代科学技术应用伦理研究与道德责任建构的火炬，意义深远。《网络伦理学研究》和《设计伦理学》两部著作是作者在科学技术伦理学领域多年研究的积淀，也是借鉴国外先进思想，“洋为中用”，结合中国实际的具体探索。书中洋溢着作者热爱科学、热爱哲学、热爱经历着巨大变化的祖国的深深情怀，彰显着作者对当代科学技术相关的伦理问题的关注和思考以及作者对人的尊严的理性思考和人生追求。

“他山之石，可以攻玉”这句经常为世人引证的至理名言，将不断激发我们这些中国科学技术哲学研究和科学技术伦理学研究的学者，在哲学创新的旅途中，开拓进取，奋力拼搏，为繁荣我国的科学技术伦理学研究贡献力量。

陈　凡

2012 年 3 月于沈阳

目　　录

Contents

第一章
导　论

伴随着高科技的迅猛发展，技术引发的伦理问题也越来越尖锐，现代生物技术给人类带来的变化不仅表现为物质产品的丰富，而且表现为思想观念及生活方式的改变。网络技术与生物技术一样，与人类的生产和生活息息相关，与人类的行为选择密切相连，它不仅对人类的交往方式产生深远的影响，也将改变社会的结构并挑战国家之间的关系。对网络技术及网络伦理进行深入研究，建构有效的伦理规约和社会协同体系势在必行。本研究的选择即建立在这样的基点之上。

第一节　建构网络伦理学的意义

自 1946 年世界上第一台计算机诞生以来，相关技术迅猛发展，如今已经发展到有数亿台计算机和几十亿用户连接与使用的全球互联网。互联网的使用加强了人与人之间的沟通和联系，促进了政府管理事务的公开化和办事的透明度，与此同时，也提高了不同国度、地区及单位之间的资源共享程度和效率。但是，互联网造成的“虚拟”环境也带来许多新的伦理道德问题，技术实践主体时刻面对着行为选择与伦理规范的冲突，网络技术的应用对实践技术的主体也同样提出适应时代发展需要的新要求。在网络这样一种特殊的交往活动中，如何防止把个人隐私作为牟取经济利益的手段已经构成网络时代的首要伦理冲突；网络“黑客”的出现已经将个体的道德觉悟和道德水平提升到空前的高度来认识；在网络行为中，个体如何处理好知识产权保护和信息资源共享间的关系都成为当代技术伦理和网络伦理研究的重中之重。深入探索网络道德建设，建构网络伦理的原则和规范，对确保网络技术的健康发展具有极其重要的理论意义和实践意义。

一、理论意义

网络（network），是指由电子计算机、远程通信等技术连接世界各个国家、部门及个人的高速信息交互系统。国际互联网（internet）是信息高速公路的雏形。今天的网络能够以多种方式加速和提高人们之间的交往能力和交往水平，并为现代人在行为、思维及社会结构等诸多方面注入新的内容和形式，为社会的发展进步起到巨大的推动作用。当然，研究网络伦理建设，有效地解决网络伦理难题，从理论上讲具有如下意义。

首先，网络伦理研究开辟了伦理学研究的新视域。网络伦理研究是随着互联网的产生而产生的。在计算机应用于实际生活之初是不存在道德问题的，计算机不过是人们在实践中使用的一种技术手段和工具而已。然而，伴随实践的深入，人们遇到的问题越来越多，为了解决这些问题，迫切需要唤起实践主体的道德责任感。1992 年，美国计算机伦理协会（CEI）制定了“计算机伦理十戒”[①]。这十戒成为最早的计算机伦理道德

① Computer Ethics Institute. A project of the Brookings Institution, The Ten Commandments of Computer Ethics. http://www.cpsr.org/. 2004-01-04.

和职业行为规则。此后，随着互联网的开通，浏览网页、使用服务器、共享信息资源、进行交往沟通等网络行为成为人们精神生活的主要内容，网络中不断产生的伦理问题也日益引起人们的关注，特别是伦理学家的关注。人们克服了以往的崇尚技术的工具理性倾向，在正确客观认识网络技术积极作用的同时，对网络技术的开发及应用给予以人为本的道德关怀，把伦理意识和道德的目的性、前瞻性，技术主体的自觉性及行为选择的科学性注入现代计算机及网络技术之中，使伦理道德由传统的“物理空间”转向“电子空间”，即“虚拟”环境，这就在客观上规定了伦理学研究的创新所在。可以说，网络伦理研究既研究网络技术伦理问题，也研究网络生态环境伦理问题，同时还研究网络技术引发的社会相关伦理问题与网络技术的关系。可见，网络伦理研究是现代伦理学研究的一个理论上的新的生长点。它不是现实道德的简单延伸，而是具有特殊实在意义的、对在新的环境中表现出的“新关系”的探索和建构。

其次，网络伦理研究激活了网络技术主体的价值理念和伦理精神。网络技术特别强调技术实践主体的能动性和主动性。由于网络技术的“双刃剑”作用，许多人在思想上重新反思技术的工具理性与价值理性问题，反思技术的自主性与技术的建构性之间的联系。人们平等意识的增强、自主精神的唤醒、民主精神的形成和发展，都在客观上为网络伦理研究提供了现实基础，为进一步挖掘网络伦理内涵、形成网络伦理研究的完整体系打下根基。

最后，网络伦理研究建构了网络伦理规约的理论基础和社会协同体系。通过网络伦理研究，本书以现代伦理学理论和技术哲学基本观点为根本，揭示网络伦理的本质，分析网络伦理困境产生的原因，建构网络伦理的基本道德原则和规范，为现代应用伦理学的研究提供了新的内容。与此同时，网络伦理研究也从外在角度建构了制度协同、法律协同和管理协同的“三位一体”的社会协同体系。

二、实践意义

任何理论的发展都有一个从理论到实践、再由实践到理论的升华过程，网络伦理研究也不例外。作为研究问题的两个思考维度，网络伦理研究既有理论意义，也有实践价值。

第一，网络伦理研究在观念层次上分析了道德个人主义盛行的原因，建构了有针对性地解决网络伦理难题的规范。网络生态环境即“网络社会”，是现实社会的延伸。在这个社会中，许多道德观念都渗透在人们的日常行为中，相对主义、个人主义和自由主义在“电子空间”中得到空前的培植，网络伦理难题不断涌现，不时挑战社会规范。通过本书研究，可以在实践上有效地梳理网络空间存在的技术实践主体的失范现象，有的放矢地找到解决难题的有效方法。

第二，网络伦理研究在行为层面上有利于在青少年中开展广泛的网络道德教育。网络道德教育是建立在“网络社会”基础上的新型道德体系。研究网络技术实践主体本身的道德需要能有效地规范技术主体的实践行为，而通过技术实践主体行为研究确立的道德理论，又可以对网络中所有的人产生作用和影响。在青少年中开展网络教育可以减少网络伦理难题的发生，防患于未然，从而提高网络空间的净化度。

第三，网络伦理研究在人格层面上能有效地消除网络技术主体道德人格的双重性。网络道德多元化的特点常常使实践主体处于相互矛盾的道德选择之中，长时间沉溺于网络的实践主体往往在“电子空间”尽情冲浪的时候性格开朗、豁达，而在现实生活中则表现出萎靡和脆弱，道德人格的双重性表现得极为鲜明。加强网络伦理研究，对培养网络技术主体健康的心理人格具有重要的战略意义。

第二节　网络技术概述

伴随着计算机技术的迅猛发展，互联网已经全方位地渗入人类的生存状态和交往状态之中，并对人类的生存观念、交往方式及权力意识产生深刻冲击和影响。消解“前网络时代”存在的“人与自然、人与人”主客二元式的本体论、认识论结构，使这两者处于一种演变的、全新的关系之中是互联网给人类提出的现实伦理挑战。[①] 在这种全新关系建立的过程中，网络技术发挥着巨大的作用。正如阿尔温·托夫勒所指出的：人类面临一次巨大的飞跃，即面临有史以来最深刻的社会巨变和前所未有的重构。虽然我们还没有清楚地认识这一点，但一个非凡的新的文明正在从我们手中诞生。这就是第三次浪潮的意义。[②] 作为预言家，阿尔温·托夫勒在 30 多年以前就预见到世界未来的变化。随着时间的推移，网络技术的发展给人类带来的变化更是空前巨大。它不仅改变着人类的思想观念及生活方式，而且使人们的生存和交往空间发生着深刻的变化。网络技术应用创建的网络生态环境，正以惊人的速度改变着人们的生产和生活。正如加拿大著名传媒学家麦克卢汉所说："任何技术都倾向于创造一个新的人类环境。"[③] 而这种新的人类环境在今天的突出表现是人类在"物理空间"遨游的同时也进入了"电子空间"。

一、基本概念界定

1. 网络技术与网络

网络技术是以计算机信息科学为基础，以计算机为载体，最大限度地提供信息服务的新兴先进技术。网络技术是计算机技术应用的具体形式，也是计算机技术的新的发展阶段。

网络，是指由电子计算机、远程通信等技术连接世界各个国家、部门及个人的高速信息交互系统。网络是人与人之间具有的在新技术条件下的互动模式。网络是以网络技术为技术条件基础构成的人们交流和交往的新的生态环境和空间。网络的健康有序发展不仅依托于网络技术的支持，而且与人们的行为选择息息相关。

2. 网络伦理与网络技术伦理

一直以来，人们对"伦理"和"道德"在认识上存在不同的观点。

---

① 张震．网络时代伦理．成都：四川人民出版社，2002，3：64.

② 阿尔温·托夫勒．第三次浪潮·朱志焱等译．北京：生活·读书·新知三联书店，1983：52.

③ 刘云章．网络伦理学．北京：中国物价出版社，2001：224.

多数人赞同的观点认为，二者“有微殊”，但“无迥异”。本书在使用上对二者做出必要的限定，即道德是人们调节各种道德关系的原则和规范的总和；伦理则是人们对道德现象和道德关系进行的系统化的哲学思考。在一般的意义上，“伦理”与“道德”通用，而在关于学理研究中，多使用“伦理”一词。道德一般指从事某种职业的人员的行为规范和职业道德要求，而伦理的主旨在于强调行为主体在处理各种伦理关系时应该承担的社会责任，以及对承担这种责任做出的理论上的系统化的哲学思考。因此，网络道德是指人们在网络空间中的行为所应该遵守的道德准则和规范的总和。网络伦理则是指人们在网络生态环境中处理各种关系的原则及规范的系统化的哲学思考。

网络技术伦理是网络伦理的一个层面，网络伦理应该既包括网络技术伦理，又包括网络生态环境伦理。网络技术伦理主要指网络基础技术研发、管理及应用的实践主体，在计算机、网络及信息技术处理过程中处理技术主体与技术服务对象关系、技术主体与社会关系及技术主体之间关系的原则、规范的系统化的哲学思考。网络生态环境伦理则是指人们在网络空间中彼此处理人与人及人与网络环境关系的原则和规范的系统化的哲学思考。对于网络技术伦理研究，我们把它的技术主体限定在技术专家及技术管理者，而网络生态环境伦理的主体，我们认为包括所有在网络空间中使用、利用网络及管理网络的个体和组织。当然，网络技术专家、管理者以及在网络生态环境中畅游的个体和组织，都是网络伦理研究的主体。因此，在网络伦理研究中，涉及的内容及视域不仅在于网络道德原则和规范的确立，更重要的是应该立足于在学理上阐明网络伦理问题存在的现状并分析其深刻的认识根源，阐明网络伦理道德原则确立的理论和实践基础，创建网络技术健康发展的社会协同体系等一系列具体的、深层次的理论问题和学术思想。

3. 伦理规约与普适伦理

伦理规约是人们在处理各种伦理关系时的基本原则和规范的总和。规约的名词性质是基本要求，而动词性质具有约束和限制之意。一般地说，规约具有过程性的特点，同时，在某种意义上，规约又具有“有限性”的特征。规约的“有限性”也是其领域特殊性的表现，如各种不同职业活动中的伦理规约即表现出鲜明的“有限性”特征。

但是，网络伦理规约不同于其他领域的规约。网络伦理规约具有“普适性”特征，这是由网络的“无边界”特性决定的。

普适伦理是超越人类各种文化传统中某些不同的价值理念，以网络技术创建的“网络社会”为生存环境，普遍真实地得到人们高度认同的伦理原则和规范以及网络伦理规约的伦理理论基础。它具有广泛的适用性和普遍的约束力。

4. 网络伦理的本质

本质是事物内在的质的规定性。一事物与他事物的区别即表现为本质的不同，在某种意义上，也可以说是具有不同的属性。

网络伦理的本质由网络技术引发的，揭示网络技术伦理现象和伦理关系的根本性质的规定性。显然，它应该区别于一般的技术伦理的本质，具有自己鲜明的特色。

网络伦理的本质由网络技术的特点和网络技术创建的网络生态环境的特点决定。网络技术不管是在研发过程中还是使用过程中，始终不能摆脱基本的伦理关系，即技术与人的关系及人与人的关系。透视这些关系在网络环境中的表现可以看出，主体对人的自由和尊严的尊重是网络伦理的本质。这里的主体既包括网络技术专家及管理者，也包括网络技术的应用者、网络管理者和处在网络生态环境中的一切个体和组织。

二、网络技术存在的伦理问题及网络伦理的提出

网络技术与计算机技术的普遍应用紧密相关。在西方学者中，最早关注计算机伦理问题的是科学家诺伯特·维纳（Norbert Wiener），他在《控制论》一书中指出，计算机的出现将会对人类的善恶观念构成空前的挑战。[①] 由于当时的计算机技术应用还不够普遍，仅限于一些专业人士，

① Stanford Encyclopedia of Philosophy. Computer ethic: basic concepts and historical overview. http: // plato. stanford. edu/, 2004-05-02; The Internet Encyclopedia of Philosophy Ethics. http: //iep. utm. edu/. 2004-02-26.

因而并没有使大多数人对计算机伦理问题产生足够的重视。1950 年，他发表了计算机伦理专著《人工智能的使用》(*The Human Use of Human Being*)，该书使他成为当之无愧的计算机伦理研究的第一人。20 世纪 70 年代以后，计算机技术迅猛发展以至于被广泛地应用到社会生产的各个领域之中，对计算机伦理问题的研究开始盛行起来。70 年代中期，美国俄亥俄州博林格林州立大学（BGSU）的媒体伦理课教师沃尔特·麦纳在学校率先开设了计算机伦理课程，努力推广并不断完善该课程的教学。1978 年，他自行出版了教学讲义《计算机伦理初探》。20 世纪 90 年代，计算机伦理研究不断深化。唐纳德·古特拜恩（Donald Gotterbarn）极力倡导将计算机伦理理解为职业伦理，因为它首先关注的是实践标准与计算机从业人员的行为准则。在这一思想的指导下，他与人合作出版了第三版的《ACM 计算机职业行为规范》，并为软件工程师制定了许可标准。1991 年，巴拿姆（Bynum）和梅恩（Mane）组织了世界上第一次关于计算机伦理的国际学术研讨会，该会召集了不同学科的专家、学者，如哲学家、计算机专家、社会学家、心理学家、律师、记者、政府官员、商界领袖等进行学术交流，并产生了一系列的相关理论专论、电视节目与教学思想，这将计算机伦理的研究又推向一个新的高峰。90 年代中期以后，计算机伦理学的发展进入一个更为成熟的阶段。英国德·蒙特福德（de Montfort）大学的西蒙·罗森说："90 年代中期预示着第二代计算机伦理学的开始。这一时期在对计算机的基本概念进行详细描述的同时，研究了对计算机实践行为进行指导的框架，因此减少了信息技术运作中无法预料的后果发生的可能性。"[①] 此后，以计算机为基础的计算机网络迅速兴起，它相对于现实生活的"物理空间"而言，将人置丁虚拟的"电子空间"之中，"在这个空间中，过去由于地域限制造成的信息沟通不便都将消失，在整个世界范围内，人与人之间、人与物之间将形成全新的交流和互动关系，这就是网络交往和虚拟生活"[②]。网络以自已独有

① 钱瑛．网络传播伦理．北京：清华大学出版社，2005：5.

② 陶明报．科技伦理问题研究．北京：北京大学出版社，2005：146.

的技术方式消解了传统的中心观念，“无处是边缘，处处是中心”①。网络世界给人提供的是一个深刻影响人类的生存方式及情感交往因素的另一种虚拟生存环境。人与人的交往以一种匿名的形式进行和展开，人的行为带有隐秘性和非公开性，并且不会受到对方的掌控，更可以摆脱现实世界道德的约束和监督。网络蕴藏着巨大潜能的同时也带来道德的冷漠。当前，网络技术引发的伦理问题越来越多，并日益严重。我国学者苗伟伦在他的论文《网络伦理的初步建构》中指出：网络技术在行为上表现的伦理问题主要有“发布虚假信息，利用网络从事盗窃诈骗，发布色情信息或恶意的政治信息，推行文化霸权主义，等等”②。网络技术导致的人们的观念层面的伦理问题主要是道德的相对主义和无政府主义。为切实有效解决网络技术引发的伦理问题，网络伦理建构具有特殊意义。

国外许多学者将网络技术引发的伦理问题概括为“7P”问题，即隐私（privacy）、盗版（piracy）、色情（pornography）、人格（personality）、政策制定（policy making）、心理（psychology）、网络保护（protection network）。为有效解决这些问题，必须切实规范网络技术主体行为，本书所指的网络技术主体既包括网络技术专家及管理者，也包括网络技术的应用者、网络管理者和处在网络生态环境中的一切个体和组织。

网络伦理研究是计算机伦理研究发展的一个更高的阶段。网络是人与人之间在新技术条件下的互动模式。作为调整人与人之间关系的伦理原则和规范早已有之，但是，网络使人与人之间的关系表现出新的特点，同时也使既有的伦理准则在调整新关系的过程中显得乏力，尤其面对网络技术建立起新的人与人关系问题，建构新的伦理原则和规范势在必行。

随着网络伦理问题的不断产生，国外对网络伦理的研究不仅停留在规约的确立上，而且已经开始对网络技术主体进行网络礼仪教育和网络教育，网络伦理研究机构及各种国际水平的研讨会纷纷成立及召开，网络伦理研究已经像网络技术一样，冲出国界，对“自由表达、版权和民

① 马歇尔·麦克卢汉．理解媒介——论人的延伸．北京：商务印书馆，2000：6.

② 苗伟伦．网络伦理的初步建构．浙江海洋学院学报，2002，(5)：40-43.

主”以及“国际互联网上的监督和审查制度”、“网络与公民权保障”等问题展开广泛研讨。1995 年，在美国加利福尼亚大学伯克利分校举行了关于国际互联网伦理学的研讨会；1998 年，在波士顿召开的“第 20 届世界哲学大会”上，以“信息技术和互联网对人类伦理与道德的影响”为主题，开展广泛讨论；2001 年，在英国剑桥召开了“计算机自由及隐私讨论会”。这些重要的国际会议无疑对计算机及网络伦理研究的进一步深化起到重要的推动作用。

与之相对，具有国际水平的网络伦理学术成果相继出版。理查德·A. 斯班尼罗所著的《信息和计算机伦理案例研究》、理查德·A. 斯皮内洛（Richard A. Spinello）所著的《世纪道德——信息技术的伦理方面》等著作，都对网络技术引发的诸多伦理道德问题进行回应，同时也促进了网络伦理研究的深入。

我国网络伦理学的研究基本上是与中国接入互联网（1994 年）同步的。随着互联网进入中国，我国掀起了网络潮，先是翻译出版了一批著名的网络著作，如《数字化生存》（尼葛洛庞帝）、《未来之路》（比尔·盖茨）、《2.0 版：数字化时代的生活设计》（埃瑟·戴森）、《数字化成长——网络世代的生活主张》（唐·泰普斯科特）等，接着中国人民大学出版社、北京出版社等相继出版了一系列网络文化丛书。与此同时，一批网络方面的论文也陆续发表。上述这些虽然还不是网络伦理方面的专门译著、论文和丛书，但里面已包含了大量的网络伦理方面的内容。《国外网络伦理问题研究综述》一文是正式以网络伦理为题发表的，由陆俊、严耕两人合写，于 1997 年发表在《国外社会科学》第 2 期。1998 年，由严耕、陆俊、孙伟平合著的《网络伦理》一书公开出版，这是我国学者在网络伦理领域的首部专著。1999 年，由刘钢翻译的《信息技术的伦理方面》成为我国网络伦理方面的第一本译著。这三项学术成果的公开发表，标志着我国网络伦理问题研究已经正式起步。几年来，我国学术界先后出版了数本网络伦理方面的专著和译著，发表了多篇网络伦理方面的论文，如李伦的《鼠标下的德性》（江西人民出版社，2002 年）、张震的《网络时代伦理》（四川人民出版社，2002 年）、黄寰的《网络伦理危机及对策》(科学出版社，2003年)，朱银端的《网络伦理文化》(社会科学文献出版社，2004年)、杨礼富的《网络社会的伦理问题探究》(吉林人民出版社，2008年)以及由戴黍发表的《网络伦理：现状与前景》(《华南师范大学学报》，1998年第2期)、李娟芬和茹宁合著的《“虚拟社会”伦理初探》(《求是学刊》，2000年第2期)、楚丽霞发表的《关于网络发展的伦理学思考》(《天津社会科学》，2000年第8期)、李兰芬发表的《论网络时代的伦理问题》(《江海学刊》，2000年第4期)、周宏发表的《试论计算机网络的道德问题》(《道德与文明》，2000年第5期)、李敏等发表《网络伦理的现实困境、成因及出路》(《郑州轻工业学院学报(社会科学版)》，2005年第4期)、管淑侠发表《网络伦理建设多维路径》(《长春理工大学学报(社会科学版)》，2007年第3期)等文章，都使网络伦理的研究在国内初见端倪。值得一提的是，我国学术界已成功建立了国内第一家网络伦理学专业网站——“赛博风中华伦理学网”，由学者李伦主持的首项网络伦理课题也得到国家社会科学基金的资助。所有这些都表明我国的网络伦理学研究已经正式起步。

目前，我国学术界关于在网络理论方面的研究中揭示的网络伦理问题的具体表现，主要存在四种意见：

(1) 多数学者从网络所涉及的领域，将网络伦理问题分为网络隐私问题、网络人际关系问题、网恋问题、网瘾问题、网络知识产权问题、电子商务的伦理问题、信息公共安全问题、网络犯罪问题及网络国家安全问题等。

(2) 也有学者从网络所涉及的悖论角度，将网络伦理问题概括为八个方面的内容：电子空间与物理空间的问题、网络道德与既有道德的问题、信息内容的地域性与信息传播方式的超地域性的问题、通信自由与社会责任的问题、个人隐私与社会监督的问题、信息共享与信息独有的问题、网络开放性与网络安全的问题、网络资源的正当使用和不正当使用的问题。

(3) 也有学者从网络伦理问题产生的原因上将其分为由网络技术引起的问题、由网络交往引起的问题以及网络道德与现实道德的关系问题三个大类。

（4）还有学者从网络所体现的价值内涵上将其分为自由与共享问题、信任与自律问题、全球化与多样性问题、人性与人情问题、黑客伦理问题、隐私权与信息自由获知权问题、网络生态危机问题。

三、网络伦理问题产生的根源

关于网络道德问题产生的根源，学者们主要有四种意见：

（1）网络伦理问题产生的根本原因在于网络技术本身。

（2）网络伦理产生的原因固然很多，但最深层原因是人的道德素质问题。

（3）技术保护措施的失灵，现有法律控制手段的失灵，以及市场机制的失灵是导致网络伦理问题产生的根源。

（4）网络伦理问题产生的根源来自多方面。首先，是人们认识上的原因，如黑客与窃贼、网页与书籍、BBS与大字报等；其次，是网络法律上的漏洞；再次，是多元世界观的后现代主义思潮的影响；最后，是人类对数字信息的崇拜。也有学者从人们心理的角度来阐述网络伦理问题产生的原因。

我国学者凌小萍在《论网络伦理问题产生的根源》中指出：网络建设的“先天不足”，即没有在互联网建设之前进行充分的论证，更谈不上辅以必要人文关怀是网络伦理问题存在的原因之一，同时，网络技术自身的特点即快捷、虚拟等为伦理问题的产生提供了可能条件。“网络社会”采用的是离散结构，具有开放性和松散性，网络的开放性导致了道德的多源性，提供了繁殖个人主义的温床。陈万求在《网络伦理难题和网络道德建设》中指出：网络的互动性导致了道德发展的干扰性，网络商业的介入导致了网络道德的功利性，使道德失范现象时有发生。这是网络伦理问题产生的客观原因。

此外，网络伦理问题产生的主体根源则是网络技术主体自身的道德观念及道德人格。

外国学者在这方面研究较多的是从技术实践主体责任的视角给予论

述，代表人物是汉斯·乔纳斯（Hans Jonas），他认为人应该通过自己的道德责任感对技术行为给予自愿控制。

在一般的伦理学理论中，责任首先指道德责任，即道德主体在实践中对其自主做出的行为选择所承担的义务。康德从人类的目的性出发，认为道德责任即为伦理义务，人应该为义务而尽义务，遵守道德律令就是尽义务，道德评价的标准应该是人的义务感即善良意志。善良意志是人理性的表现，是道德行为的源泉。黑格尔（Georg Wilhelm Friedrich Hegel，1770～1831）认为，道德就是人们对自己、他人和社会应尽的责任。责任是人之为人的本质规定，个人只有在对自己、对他人负起道德责任的前提下，才能推进社会的发展。① 道德责任需要在实践中升华为道德主体的责任感，道德责任感的形成实质上是社会的道德成为道德主体发展的一种内在的道德需要，道德需要又促使道德主体产生对社会的责任意识，从而成为道德主体践履道德的内在动力。道德责任是社会对个人的一种规定和使命。

网络技术主体应该时刻保持自己具有道德责任感。丧失道德责任感，随意选择自己的技术实践行为也是网络技术伦理问题产生的主观原因。

四、网络伦理研究的视角和维度

1. 技术的社会决定论视角

在技术哲学研究中，关于技术的价值问题长期以来存在着争论。一种观点认为技术是中性的，技术自身不负荷价值。“技术产生什么影响，服务于什么目的，这些都不是技术本身所固有的，而取决于人用技术来干什么。”② 另一种观点认为技术是负荷价值的，技术是伦理、政治与文化价值的负荷。“技术既可以是一种解放的力量也可以是一种压制的力量。”③ 技术的决定论与技术的社会决定论观点是相对的。二者都从不同

---

① 黑格尔．精神现象学．北京：商务印书馆，1979：157.

② Mesthene E G. Technological Change：Its Impact on Man and Society. New York：New American Library，1970：60.

③ 傅静．科技伦理学．成都：西南财经大学出版社，2002：250.

角度论证了技术的价值负荷，但与技术的决定论相反，技术的社会决定论认为技术是社会利益和文化价值所建构的产物，它强调的是技术实践主体在设计、生产、使用和控制技术方面的社会主体性地位及责任感。技术的社会决定论观点中嵌入了技术的伦理意蕴。例如，马尔库塞指出："技术始终是一种历史和社会的设计：一个社会和这个社会中占统治地位的利益，总是要用技术来设计它企图借助于人和物而做的事情。"[①] 网络技术也与一般技术一样具有价值的负荷，它在对社会发生作用和影响的同时，也受到社会政治、文化、伦理价值观念的作用和影响。网络技术能否健康发展及发挥其应有的社会作用，与社会的道德文明状况有直接密切的关系。社会的文明程度越高，人的精神面貌越好，技术主体的道德觉悟和道德水准越能促进技术的健康发展。正如北京林业大学教授严耕所说："一个人与社会的自由全面发展程度愈高的社会，也就是一个道德发展程度愈高的社会。信息高速公路的建设，为人与社会的自由全面发展提供了巨大的可能性，以之为基础建立的社会，也必将更可能是一个更加道德的社会。"[②] 网络技术的发展推动了社会的进步，但网络技术也带来了一系列的伦理道德冲突，有效地解决这些冲突，就要按照社会要求及伦理约束建构网络伦理的原则及规约。

2. 技术伦理研究的视角

著名的美国伦理学家麦金太尔指出：古代社会以德性为中心，而现代社会以规则为中心。[③] 任何一个社会都必须建立与社会发展同步的道德，即适应社会发展变化的伦理准则与规范，这是人类社会共同体生存和发展所必需的基本条件。社会是人类共同体，人们要想在社会中文明共生，基本条件和前提就是要按照共同的伦理规范和行为准则处理各种关系。而在各种社会关系中，最基本的社会关系就是伦理关系。技术伦理研究具有悠久的历史传统，早在古代先哲的技术伦理思想中就渗透着伦理的核心"善"，例如，亚里士多德在《尼各马科伦理学》中指出：一

---

① 李三虎．技术发展与伦理秩序．自然辩证法研究，2002，(9)：26.

② 刘云章．网络伦理学．北京：中国物价出版社，2001：59.

③ 张震．网络时代伦理．成都：四川人民出版社，2002：64.

切技术、一切规划以及一切实践和选择，都以善为目标。行为善的顶点是幸福。而善和幸福就是灵魂合于德性的现实活动。[①] 亚里士多德认为，一切事物皆有四因：质料因、形式因、动力因和目的因。他以建筑房屋为例，认为质料因是砖瓦，形式因是房屋的图样或模型，动力因是建筑师，目的因是房屋的用途。他期望以此推断出世间万物的一般规律。[②] 而目的因则是人类行为的原始动力，也是人类技术活动的决定要素。到了近代，以康德为代表的伦理学思想中提出德性是实践理性的最高目标。20 世纪 80 年代以来，技术伦理研究领域最具有代表性的人物是德国的伦理学家汉斯·乔纳斯，他在《责任命令：探索技术时代的伦理学》（1984 年）中指出："现代技术已经引入了如此新颖规模的行动、目标和结果，以至于传统的伦理框架已经无法容纳他们了。"[③] 人类在此刻如果不考虑对行为的预期后果负责任，那么，就会无法摆脱技术发展给人类带来的困境。责任的提出为现代伦理学提供了新的技术伦理研究的视阈。它不仅使伦理学研究扩大了研究的范围，而且开辟了研究的新视野。特别是网络技术发展引发的伦理难题不断表现出新的特点，一个难题解决以后，另一个难题又会出现。不断涌现的新问题需要伦理研究跟上技术发展的步伐。正如信息技术的伦理学专家斯皮内洛所说："技术的步伐常常比伦理学的步伐要急促得多，而正是这一点对我们大家都构成某种严重威胁。技术的力量所造就的社会扭曲已有目共睹。因而，完全被信息技术支配的危险，以及置身于社会学家韦伯所谓的'铁笼'之中的担忧都是实际存在的。"[④] 网络技术的发展已经产生诸多问题，特别是网络犯罪。网络犯罪主要包括网络盗窃、网络诈骗、网络破坏、网络教唆、网络色情等多种形式。仅 2001 年，就有 186 家公司因网络犯罪共造成 3.78 亿美元的损失，包括商业机密被窃取、金融欺诈及计算机病毒等。仅机密被窃一

---

① 亚里士多德．尼各马科伦理学．苗力田译．北京：中国社会科学出版社，1990：1～10.

② 李伯聪．工程哲学引论．郑州：河南大学出版社，2002：180.

③ Jonas H. The Imperative of Responsibility: in Search of an Ethics for the Technological Age. Chicago: University of Chicago Press, 1984.

④ 刘云章．网络伦理学．北京：中国物价出版社，2001：21.

项就使参与调查的186家公司蒙受总计1.51亿美元的损失，几乎占全部损失的一半。计算机病毒是最普遍的破坏性攻击。94%的机构都曾受到这样的攻击，而且机构组织受攻击的比率越来越高，已增长到70%。① 道德的轴心在于人类更美好的生存，而不是人类的生存根基要因为道德的存在而放弃。网络技术带来的问题越多，越需要伦理规约对人的行为的实施有效约束。从道德主体的角度思考，增强技术主体的道德责任感是解决网络伦理难题的关键，而责任的提出就是对实现人类更美好的生存建立的现代伦理建设的根基。当前，国际范围内关于网络伦理的研究已经由单纯追求伦理规约建构转向注重网络伦理教育，探寻网络伦理的有效机制和实践价值。这无疑为本书的研究开启了新的思考点。

3. 责任伦理学研究视角

责任伦理学是适应科技时代应运而生的新的、宏观性极强的现代伦理学。它的创建人是德国哲学家汉斯·乔纳斯。他认为人类在现代应该具有一种责任意识，即通过自己的驾驭进行自愿的责任限制。德国著名技术哲学家伦克也指出：在历史上人类从来没有像现在这样掌握如此巨大的力量和能量，这都是技术及其技术进步的结果。技术不再是简单的工具，它已经成为改造世界、塑造世界、创造世界的因素，在技术领域中出现的变化趋势使责任伦理问题突显出来。②

责任伦理研究视角是现代伦理学的代表。它主要强调技术主体的价值目标和行为选择过程中的主体责任意识和责任感。当然，随着全球互联网技术的广泛应用，以及民族和国家关系的变化，责任伦理视角已经由原来关注的个体责任拓展为群体、国家责任，已经由“现时”责任开阔为“遥远的未来”责任，已经由一国责任拓展为多个国家之间的联合责任。这也是当前责任伦理研究的新走向，即道德责任的分配问题。网络技术伦理研究也要依据技术主体的特殊性，探索主体责任及主体对谁及对什么负责任的问题。

---

① 黄寰．网络伦理危机及对策．北京：科学出版社，2003：172.

② Jonas H. The Imperative of Responsibility: in Search of an Ethics for the Technological Age. Chicago: University of Chicago Press, 1984.

4. 网络伦理研究的维度

在技术伦理的研究中一般有两种维度，一种是从个体出发加以研究；另一种是从整体出发加以研究。从个体角度研究往往关注的是技术实践主体的个人行为，具体而言是指工程师和科学家的行为及责任。从整体角度则是指整个国家及人类整体的利益及责任。在网络技术伦理研究中，强调科学家和工程师的技术责任的文献有很多。在国内较有代表性的文献有曹南燕的《科学家和工程师的伦理责任》、赵培杰的《科技发展的伦理约束与科学家的责任》；在国外有代表性的文章有德国的伦理学家汉斯·乔纳斯的《责任命令：探索技术时代的伦理学》（1984 年）、德国技术哲学家汉斯·林克的《进步、价值与责任》（1997 年）。[①] 这些文章都从个体研究视角探索了科学家及工程师的社会责任，为网络技术伦理研究提供了基础。另一个视角是整体研究，网络技术的发展从宏观上讲已经构成了“网络社会”，网上的信息资源共享、网上交流跨越时空、打破国界，具有普世意义及全球性，因此，网络技术伦理研究从整体角度而言，探究的是全球伦理，任何社会和国家同样应该在共同的伦理规约下建立道德的理念，创造“电子空间”或“网络社会”的新环境。国内网络伦理研究领域最早的专家学者是严耕、陆俊、孙伟平，他们在《网络伦理》一书中详细论述了网络技术面对的伦理挑战及对策，指出：“随着电子信息技术的迅猛发展，因特网国际互联网络正日益地发展壮大。在网络给人们带来极大方便的同时，在网络上也出现了大量的不道德行为。于是，一个十分紧迫的课题摆在了各网络管理机构面前，即如何把越来越膨胀的电子信息网络建设成一个文明的网络社会。”[②] 提出了网络伦理建构的必要性和重要性。

在国外，从 20 世纪 80 年代开始，以美国科学家泰雷尔·贝奈姆的《计算机与伦理学》和杰姆斯·摩尔的《什么是计算机伦理学》两篇论文为标志，在世界范围内掀起了计算机伦理学和网络伦理学的广泛研究。

---

① Lenk H. Progress, value, and responsibility. SPT, 1997, 2 (3-4): 102-120.

② 严耕，陆俊，孙伟平. 网络伦理. 北京：北京出版社，1998：247.

摩尔在《什么是计算机伦理学》中指出：当我们面对何时和怎样使用计算机时，我们就面临着一个新的道德选择。计算机的应用及网络技术的应用，折射出人类的社会行动与观念。当然，为有效解决计算机技术和网络技术应用产生的社会伦理问题，国外已经建构了伦理原则及规范。如美国计算机伦理协会的 *A project of the Brookings Institution*，*the ten commandments of computer ethics* 和 Anna Elizabeth Kuruvilla 的 *Computer ethics article*：*A clean impact*[①] 两篇文章中记述了计算机伦理问题及美国计算机协会的十条伦理规范，为我国的网络伦理研究提供了具有普适意义的准则。

第三节 研究思路及方法

一、研究思路

通过对国内外网络伦理研究现状进行梳理和归纳，分析了网络技术的价值负荷，界定了网络伦理的本质，开展了网络的基本理论研究，对网络伦理的现实困境和根源进行了分析。以责任伦理学和技术社会学为研究视角，在建构网络技术伦理原则和规范的同时，全方位地建构网络伦理发展的社会协同体系，提出超越网络伦理困境的途径和措施。

二、研究方法

基于研究主题的需要，在研究过程中主要应用下列方法：

（1）解释学的方法。通过阅读和理解的阐释活动，实现读者与作者的视界融合，并以此为基础通过重新阐释的过程，尝试达到对以往网络伦理研究成果的借鉴与再创造。

① Anna Elizabeth Kuruvilla. Computer ethics article：A clean impact. http：//www. itoutsourcingindia. com. 2004-02-26.

（2）理论与实践结合法。研究采用由个别到一般的哲学研究思维，以实例的典型分析为基础，概括网络伦理原则建构的一般规律，并坚持理论与实践相结合的原则使之对当前和今后一个时期的网络技术发展具有战略指导意义。

（3）多学科知识的综合运用。研究运用社会学、技术哲学、伦理学以及后现代主义、文化研究等领域的研究成果和方法，对网络伦理的问题进行了分析，提出了超越网络伦理困境的途径和方法。

第四节 小 结

（1）本书较为详尽地梳理网络伦理研究的发展脉络，在分析网络伦理与现实伦理的关联性及差异性的基础上，揭示网络伦理的本质，论证建构网络伦理研究方面具有普适意义的伦理规约的理论基础。

（2）本书从技术社会学角度，探索在现实社会背景环境中网络的意义和价值，进一步揭示网络技术及网络与社会相互作用的机制，全方位地建构网络发展的制度协同、法律协同及管理协同“三位一体”的社会协同体系。

第二章
网络技术的价值性解读

技术的价值负荷是对技术中性论观点的否定。它不仅动摇了长期以来技术中性论在技术哲学中的统治地位，而且开启了技术哲学研究的客观视角。网络首先是一种技术，一种技术的产物。网络技术是以计算机信息科学为基础，以计算机为载体，最大限度地提供信息服务的新兴先进技术。网络技术是计算机技术应用的具体形式，也是计算机技术的新的发展阶段。“网络技术使世界上的大大小小、形形色色的电脑连接在一起，从而也把世界上不同文化背景的人们连接到一起。因此，网络技术是网络社会的基础，是人们有可能达成伦理共识的技术前提。没有这种技术，也就无所谓网络伦理的共识。”[①] 20世纪80年代以来，网络技术在全球范围内的广泛应用，已经为人们的生产生活、思维观念及生存方式带来变革性的影响，同时，以网络技术为载体构成的“网络社会”的问

① 李伦．鼠标下的德性．南昌：江西人民出版社，2002：51.

题也日益涌现，尤其是在网络技术催生下引发的网络主体的伦理道德问题及违法现象时有发生。切实有效地规范网络技术主体行为，建设和谐健康的“网络社会”环境，确保网络主体的自由与权利，提升网络主体的道德水准，是网络技术建构不容回避的现实问题。如前所述，网络技术是网络伦理研究成立的基础，对网络伦理进行探究，必须首先对网络技术进行价值考证。

第一节　网络技术的价值负荷

对于技术是否负荷了价值，学术界一般有两种不同的观点：一是技术价值中立论，二是技术价值负荷论。自工业革命以来，技术中立论一直占据主导地位。其代表观点是：技术在本质上既非善的也非恶的，只有人赋予技术以意义。[①] 在任何情况下的某一技术，都是以其相同的效应标准来体现它的本质。[②] 随着技术的发展，技术中立论受到技术价值负荷论的挑战。技术价值负荷论认为：一切技术进步都是有代价的，每项技术都隐含着无法预料的后果。[③] 尽管技术中立论和技术价值负荷论都是对技术的自然性和社会属性的割裂，所以表现为一种割裂的技术价值观[④]，但是归根结底，从技术的内在价值和现实价值的统一性上来审视，技术终究是价值负荷的。[⑤]

随着技术的发展，与技术中立论持相反观点的技术价值负荷论，越来越引起人们的广泛关注。技术价值负荷论认为，技术在价值上并非是

---

① Jaspers K. Origin and Goal of History. New Haven：Yale University Press，1953：115.

② Feenberg A. Critical Theory of Technology. New York：Oxford University Press，1991：5.

③ Elull F. The technological order// Mitcham C. Philosophy and Technology. New York：The Free Press，1983.

④ Heidegger M. The Question Concerning Technology. Trans. W. Lovitt. New York：Harper and Row，1997：17.

⑤ 郭冲辰，陈凡，樊春华．论技术的价值形态与价值负荷．自然辩证法研究，2002，(5)：39，57.

中立的，它并非一种中性的手段，它负荷着特定的社会中人的价值，包含着善与恶的价值判断。“技术在伦理上决不是中性的，它涉及伦理学，并游移在善和恶之间”①，“把技术视为达到某一目的的手段或工具体系，并进而认为技术与伦理、政治无涉的技术中性论虽然符合直观，并反映了一定的事实，但并不全面”②。许多学者对技术的价值负荷问题进行了广泛的讨论，例如，辛普森（L. Simpson）认为：“技术本身并非是价值中立的，技术拥有自身特定的价值。”③ 斯塔迪梅尔（Staudenmaier）也提出：“脱离了技术的人类背景，技术就不可能得到完整意义上的理解。人类社会并不是一个装着文化上中性的人造物的包裹。那些设计、接收和维持技术的人的价值与世界观、聪明与愚蠢、倾向与既得利益必将体现在技术的身上。”④ 而工程主义的拉普也对技术的非中立性进行了分析，他指出，技术的非中立性体现在三个方面：技术过程的非中立性、技术心理的非中立性和技术条件的非中立性。⑤ 凯姆蓬（Michael G. Campion）和乔尼斯（Elsewhere Jones）也认为：“技术之所以是非中立的，是因为它体现了人类潜在的或故意隐藏的价值，在所有的善的动机中的一个动机，就是使真正的价值本质体现在技术的不同形式中。”⑥ 技术价值论主要表现为社会建构论和技术决定论。⑦

网络技术是一种虚拟技术、数字化技术，它具有超越物理时空的开放性和隐匿性特征。网络技术是计算机技术与信息技术的结合，国际互联网是网络技术的主要代表。网络技术的发展加速了信息的国际化和快捷性，使人们梦寐以求的“数字地球”得以变成现实。人类不仅可以利

---

① 邦格 M. 技术的哲学输入和哲学输出. 自然科学哲学问题，1984，(1)：56.

② 高亮华. 人文主义视野中的技术. 北京：中国社会科学出版社，1996：14.

③ Lorenzo Simpson's Conversations with Technology. Modernity, and postmodernity: some critical reflections. http://www.gseis.ucla.edu/research/kellner/sim.Html. 2007-02-16.

④ Staudenmaier J M. Technology's Storyteller's: Reweaving the Human Fabric. Mass: MIT Press: 165.

⑤ Rapp F. Analytical philosophy of technology. BSPS, 1981, 63: 54-57.

⑥ Campion M G. Technophilia and technophobia. http://cleo.murdoch.edu.au/aset/ajet/ajet5/wi89 p23.html. 2007-02-18.

⑦ 郭冲辰. 技术异化论. 沈阳：东北大学出版社，2004：63.

用信息资源处理各种生存和发展问题，而且可以充分地共享各种信息，为生产和生活服务。“网格计算、高清晰度电视、强交互点到点视频语音综合通信、智能交通、环境地震监测、远程医疗、远程教育等”[①] 都是网络技术发展的更高级形式，与这些高级技术形式相伴，网络技术的积极社会影响将不仅表现在生产和人们生活的领域，还会对人们的思想观念和思维方式产生深刻的影响。人们的交往方式、组织方式，乃至工作方式和接受教育的方式，都会随着网络技术的发展而表现出新的形式和特征。利用网络技术，人们可以在短时间内获得地域范围最广、信息量最大、工作效率最高、计算最准确、监督管理和业绩考核最真实科学、情感交流最普遍等优势。网络技术的价值和积极的社会影响，不仅提升了人们生活的水准，而且加速了社会的现代化进程。

一、网络技术引发伦理关系的新变化

汉斯·乔纳斯指出：“现代技术已经引入了如此新颖规模的行为、目标和结果，以致传统的伦理框架已经无法容纳它们了。”[②] 网络技术的发展促成网络生态环境的建立，同时也使人们步入了“网络社会”。网络社会与现实社会存在着一种特殊的交互影响。网络中的伦理关系也随着网络技术的发展发生了新的变化。

现实社会中的伦理关系一般表现为人与人的关系、人与社会的关系及人与自然的关系。而在网络中人与人的关系不是直接和现实的，而是由于网络技术特点引发的新型关系。例如，网络爱情的建立，网络主体可以以一种“虚拟”身份通过网络，与素不相识的人建立爱情；而当双方现身于现实真实社会之中时，主体双方却可能会发现两者是同一性别的人。由此，网络已经将人与人的关系转化为“现实人”与“虚拟人”的关系，人与社会之间的关系也会转化为“虚拟人”与“现实社会”的关系。

---

① 常晋芳．网络哲学引论．广州：广东人民出版社，2005：5.

② Jonas H. The Imperative of Responsibility：in search of an Ethics for the Technological Age. Chicago：University of Chicago Press：1984.

“现实人”与“虚拟人”的关系具有主体的异质性特点。尽管在客观上看二者是同一主体，但是，由于二者所处的环境不同，他们有时的表现无论在人格上还是在行为上，都具有不同的特征。一些人在虚拟空间中行为怪异，而回到现实中时，又表现为受现实道德及法律约束的正当行为。当然，客观地说，这是由于网络道德与法律不健全造成的“灰色带”，而主观上看，是主体人格和道德水准的偏差。

“虚拟人”与“现实社会”的关系表现为“虚拟人”在网络空间的行为同样会对现实社会产生影响。例如，一个以隐匿身份存在的“虚拟人”在网上散布谣言，同样对现实社会构成影响。有时，网上的某些谣传信息，不仅会对现实生活造成恐慌，而且会对某些个人构成伤害。网络世界的网民追求的是无政府、无约束的纯粹的自由世界。

我们可以从网络上非常流行的一篇《网络空间的独立宣言》（*A Declaration of the Independence of Cyberspace*）中体会网络对现有伦理规范和社会秩序的挑战：

> 工业世界的政府，你这讨厌的由肉体和钢铁构成的巨兽，而我，来自网络空间——那新的、精神的家园。为了未来，我请过去的你离我们而去，我们不欢迎你，在我们聚集的地方你没有权力。
>
> 我们没有一个选举出来的政府，我们也不愿意要这样的一个政府，我向你们呼吁，并没有比自由本身所要求的更大的权力。我宣布，我们正在建造的全球社会空间从本质上讲是独立于你们试图强加于我们的暴政之外的。你们没有统治我们的道德权利，也没有掌握任何我们真正有理由害怕的强制手段。政府是从被统治者的赞同中得到它们正当的权力的。你们已经既不需要也得不到我们的赞同了。我们不邀请你们，你们不了解我们，也不了解我们的世界。网络空间并不存在于你们的疆界之内。尽管它是一个公共建设项目，但别以为你们能够建造它。你们不能。它是一种自然的行为，它要通过我们集体的行动来发展自己。

你们没有参加过我们那美妙的、集体的谈话，你们也没有创造我们市场中的财富。你们不知道我们的文化、我们的伦理，或那些已经使我们的社会有序的未成文的法律，它比你们所强加的任何秩序都更有序。你们认为在我们中间存在着你们必须解决的问题。你们实际上在把这种主张作为侵犯我们疆域的借口。这些问题根本就不存在。哪里有邪恶，哪里就有真正的冲突，我们将用我们自己的方法来认识和找到它们。我们正在形成我们自己的社会契约。这种统治将不是根据你们的世界，而是根据我们的世界的条件而产生。我们的世界与你们的世界是不一样的。

网络空间由交易、关系和思想本身而组成，在我们的交流网中，这一切都像长久的浪潮一样排列着。我们的世界是一个无处不在而又四处皆无的世界。它不是肉体所生活的地方。我们正在创造一个任何人都可以进入的世界，而没有基于种族、经济权力、军事力量和出生形成的特权和偏见。我们正在创造一个世界，在那里，不管多么奇异，任何人、在任何地点都可以表达他的或她的信仰，而不必害怕被强制保持沉默或保持一致。你们的关于财产、表达、身份、迁移和范围的法律概念不适用于我们。它们建立在物质的基础上，而这里没有物质。

……你们试图在计算机空间的边境设立岗哨来防止自由的病毒。这些地方也许在短时间内躲避了感染，但在一个很快将被传输媒介包围的世界，这种岗哨将是无济于事的。你们逐渐过时的信息工业将通过诉诸法律而使自己永存，在美国和其他地方，它要求对遍及全球的自己的言论本身拥有权利。这些法律只不过把思想当成另一种工业产品，它并不比生铁高贵多少。在我们的世界，无论人类的思想可以创造出什么都能被再生产，并丝毫不费事地无限传播。思想的全球传播不再需要你们的工厂来完成。

这些不断增加的仇恨和殖民措施，把我们处在那些热爱自由和自抉的先辈们同样的地位，他们必须抗拒那外在的权威和无信息权。我们必须宣告，即使我们继续同意你们对我们的身体进行统治，我们虚拟的自我也不受你们的统治权的影响。我们将在这个星球上到处传播我们自己，没有人能够抑制我们的思想。在网络空间，我们将建设一种精神文明。愿它比你们的政府先前所创造的世界更人道、更公正。①

从这篇在网络上广泛传阅、普遍认可、词句偏激的“网络空间独立宣言”中，我们可以了解到网民的心态，即对现实伦理在网络上的非认可性。这种现象充分说明网络技术发展引发了伦理关系的新变化。因此，如何建构网络空间的伦理规约并能有效实施，就成为我们非常关注的问题。

二、伦理滞后于技术的社会危害及风险规避

正如伦理学家斯皮内洛所言，技术的步伐常常比伦理学的步伐急促得多。网络伦理的滞后对社会造成很大的危害，反过来，这种危害给网络及其应用的发展也造成了极大的危害。例如，由于网络空间诚信体系的薄弱而出现的信任危机阻碍了电子商务的发展步伐，如一些网站起初推出并承诺终身服务的免费电子邮箱改为收费邮箱。而从伦理的角度而言，网络似乎在道德评价方面既缺乏标准，同时也没有形成强大的公众舆论。一些网站管理者在思想深处也没有确立起诚信的信念，将现实社会的诚信要求与网络的虚拟环境中的伦理要求相分离。在网络交易中还存在着商品的质量、价格的欺诈等；一些国家和地区对黑客采取放纵和暧昧的态度；在加密技术和密码算法不断被攻破的情况下，个人隐私和敏感信息的传输受到严重威胁；一些网站的客户信息被轻而易举地盗取，使人们在内心深处不愿意利用网络管理个人秘密，网络的风险性越来越大，而规避风险的措施，包括伦理规范和法律法规的建设却明显滞后。

① 常晋芳．网络哲学引论．广州：广东人民出版社，2005：353-354.

一般地说，网络信息技术的高度发展必然为人的全面发展提供基础和可能性，但就现实性来说，人的全面发展还面临许多风险和问题。只有很好地解决这些问题，才能为人的全面发展创造条件。

在网络时代，由于个体的知识水平差异和对网络技术的掌握程度不同，使得传统社会的人们拥有和支配物质资源——金钱的不公平现象，在网络信息技术高度发展的知识经济时代，已经发生了巨大的变化。社会的不公在某种意义上已经超越了纯粹的“物质形态”，并开始由“物质形态”的不公平转化为“精神形态”的不公平，即人们掌握网络信息技术及知识的不公平，并由此产生由知识鸿沟造成的新型社会弱势群体不断出现。在发达资本主义国家，一方面出现福柯所谓拥有“知识权力话语”的专家，另一方面，出现了许多由高技术发展所产生的新的贫穷，信息社会特有的弱势群体出现深度弱化现象。一些有识之士开始意识到这个问题的严重性，并呼吁人类要对技术进行民主控制。[①]

当然，网络信息技术引发的社会问题不单纯表现在技术方面，也表现在人们的思想、道德及价值观方面。虚拟存在和数字化生存方式引起的网络伦理问题会助长个人主义、道德的相对主义和虚无主义。网络信息技术产生的知识产权纠纷及个人隐私受到侵犯等问题，如果不能得到切实有效的解决和制止，将对人们的心理产生重大冲击和影响，同时也会带来信息社会新的发展难题。

第二节　社会对网络技术的价值建构

从技术的形成来看，任何技术都是人的目的性的体现，是社会价值的体现。网络是一种高技术信息系统，对社会的影响还带有不确定性。由此，社会在建构网络技术的同时，也在建构网络。

---

① 赵迎欢．信息技术与人的全面发展//李志祥．高科技时代的伦理困境与对策．北京：华龄出版社，2006.

一、网络技术的建构主义思考

技术的社会建构论是一种起源于知识社会学的技术社会学研究。社会构建论认为，技术发展囿于特定的社会情境，技术活动由技术主体的利益、文化选择、价值取向和权利格局等社会因素所决定。也就是说，在现实的技术活动中，技术依据的客观基础是主体实际的建构事实，技术主体是具有价值取向和利益需求的具体人群，而与主体相关的技术活动存在着复杂的社会利益和价值冲突，因此，技术是社会利益和文化价值倾向所建构的产物，在技术与社会的互动整合中形成了技术的价值负载，技术不仅体现了技术价值判断，也体现了更广泛的社会价值和技术主体的利益。社会建构论有时也被称为社会决定论，或情境论（contextualism）。显然，社会建构论主要强调的是技术主体在支配和控制技术方面的主体性地位和责任。[①] 不仅如此，社会建构论还认为技术是在人类社会历史的复杂环境中社会建构的过程。人类对技术的形成应进行一种动态的经验研究，应考查技术发展过程中嵌入的诸多异质因素，并在技术的发展过程中依据大量的技术争论来促进技术的发展。技术发展不是凭借自身的“逻辑”单向地增长，而是社会对技术的建构过程。因此，技术社会学研究不仅关注技术对社会的影响（技术决定论），而且关注社会对技术的影响和制约（技术的社会制约论），关注技术的伦理争议，并企求在普遍存在的技术争论中建构技术。[②]

技术的社会建构主义作为对技术中性论的有力反驳，已经为技术的价值负荷做出明证。人类社会建构技术的目的旨在确保技术正价值的有效发挥，为人类和社会发展带来福音。按照技术社会建构论的观点，任何技术的产生都离不开特定的社会历史背景。如中国古代长城的修建是为了防御和抵抗外敌的入侵；乙醇汽油的问世源于能源的日渐短缺和环境保护的需要；原子能、空间宇航、电子计算机以及激光等方面的高科

① 郭冲辰．技术异化论．沈阳：东北大学出版社，2004：63.

② 赵迎欢．高技术伦理学．沈阳：东北大学出版社，2005：20.

技，首先是由于军事的需要而发展起来的……没有一定的社会需求，不可能有科学的发现和技术的发明。从这个意义上来说，技术是由人类创造的，因而它与人类之间有着密切的关系，也必然负荷人类价值。关于这一点，我们在马克思那里找到了根据。马克思曾指出："动物只是按照它所属的那个种的尺度和需要来构造，而人懂得按照任何一个种的尺度来进行生产，并且懂得处处把内在的尺度运用于对象；因此，人也按照美的规律来构造。"[①] 正是人类的创造力和多向度的价值追求创造了丰富多彩的技术。

网络技术是现代飞速发展的高技术，是 21 世纪的主导技术。网络技术对现代生产、生活及人们生存方式的积极作用是有目共睹的。当然，网络技术引发的社会伦理道德、法律及心理等问题也是不容回避的。消解网络技术的伦理困境，降低网络技术的风险，是建构网络技术的主要目标。正如瑞典皇家理工学院的 M. Peterson 教授在他的《新技术和极端风险的伦理学》中指出的，现代技术的应用已经把新的风险强加于世界上发达国家的人们中间，一些规范的原则只能起到指导可能性低而风险高的现实的作用。[②] 随着网络技术风险的增加及其在现实社会中的统治地位的加强，建构网络技术的伦理规范、法制约束及社会控制体系势在必行，否则，就将出现技术悲观主义者预言的"把人类生活交给无意识特别是无道德意识的技术是人类的灾难"。人类也将有"完全被信息技术支配的危险，以及置身于社会学家韦伯所谓的'铁笼'之中的担忧"。[③]

为使对网络技术的建构有的放矢，我们必须深刻地分析网络技术伦理困境的根源，在把握问题的同时，寻求合理的、符合客观实际的解释，并上升到哲学的思辨，实现从实践到认识、再从认识到实践的循环往复的探索。

---

① 马克思．1844 年经济学哲学手稿．北京：人民出版社，2000：58.

② 陈凡．技术与自然：国外技术哲学研究的新思考//郭贵春，乔瑞金，陈凡．多维视野中的技术．沈阳：东北大学出版社，2003：452-455.

③ 刘云章．网络伦理学．北京：中国物价出版社，2001：21.

二、网络技术价值的三维伦理建构

伦理，从概念的角度讲是关于道德现象的哲学思考。它不仅包含着对人与人、人与社会和人与自然之间关系处理中的行为规范，而且也深刻地蕴涵着依照这些原则和规范行为的深刻道理。伦理建构是网络技术发展的精神条件，是规范网络技术实践主体行为的准则系统，也是确保网络技术可持续发展的精神动力。审慎地分析网络技术产生的负面影响的根本原因，我们不难看出，其既有技术自身的原因也有人为的因素，忽视了其中的任何一个方面都是片面的。网络漏洞的发生就技术而言是软件的“后门”，就非技术原因而言是实践人员的素质。“后门”一旦洞开，后果不堪设想。加强对网络技术实践主体行为的伦理规范成为网络技术伦理建构的重中之重。

网络技术的伦理建构应该具有立体、交叉、全方位辐射的特点和功能。伦理学的基本理论告诉我们，伦理原则、规范、范畴及特殊领域的伦理要求构成了伦理学的规范体系的内在结构。[①] 依据美国学者斯皮内洛的观点，网络技术在具体的实践过程中，伦理道德判断的原则有三：自主原则、无害原则、知情同意原则。[②] 结合网络技术在当前具有的新特点，在认真分析网络技术悖论现象产生和存在的原因的基础上，提出如下三维伦理建构。

第一，以公正无害为伦理原则。网络具有开放性和世界性的特点，公正无害是网络实践者应该遵循的最基本的伦理原则。它要求实践主体不仅要关心他人的存在、他人的感受、网站的利益，以及后代的网络环境，还要注意自己的网络技术行为不会给其他网络主体和网络空间造成直接或间接的伤害。任何网络病毒和网络犯罪都是违背这一原则的。

第二，以尊重信用为伦理规范。网络技术的“虚拟化”往往误导实

---

① 罗国杰，马博宣，余进．伦理学．北京：中国人民大学出版社，1986：153.

② 王正平．西方计算机伦理学研究概述．伦理学，2001，(1)：85-88.

践主体对网络环境的正确判断。网络的主体是现实的人，而不是“虚拟的人”——机器。网络是人与人之间关系的网络，这就必然要求实践主体在行为的过程中彼此相互尊重，尊重个人的隐私、尊重个人的自主选择。同时还应在实践中自觉地确立人们认可信用和处理信用契约关系的伦理理念。

第三，以内心信念为伦理范畴。在伦理学规范体系的建构过程中，伦理原则是“总纲”，伦理规范是“目”，伦理范畴是“纲”和“目”相交织形成的“网”上的“扭结”。伦理范畴是构成伦理规范体系最核心、最本质、最普遍的概念。内心信念即人们通常所说的良心，它是伦理原则、伦理规范在行为主体内心深处的高度统一所产生的道德责任感。人们在内心信念的支配下，在实践中自觉地践履道德。

上述三维伦理建构，充分地借鉴了国外网络技术伦理建构经验，并结合网络的新特点应运而生。

伴随网络技术的发展和广泛应用，从20世纪90年代起，各国的计算机伦理协会纷纷制定了切合实际的网络伦理道德规范。例如，美国计算机协会（ACM）1992年10月通过并采用的《伦理与职业行为准则》（ACM Code）规定了八条“基本道德规则”[①]；美国计算机伦理协会制定了“计算机伦理十戒”。[②] 南加利福尼亚大学在网络伦理声明中明确谴责“六种网络不道德行为”。[③] 1993年，澳大利亚计算机协会制定了《澳大利亚计算机协会职业伦理规范》（ACS Code）。[④] 这些要求既成为网络技术应用的伦理准则，同时也是从事计算机技术的行为主体行为选择的伦理规范。[⑤]

① ACM Code of Ethics and Professional Conduct. Adopted by ACM Council 10/16/92. http：//www. acm. org/. 2004-04-26.

② Conputer Ethics Institute. A project of the Brookings Institution，The Ten commandments of Computer Ethics. http：//www. cpsr. org/. 2004-01-04.

③ 严耕，陆俊，孙伟平．网络伦理．北京：北京出版社，1998：226.

④ Australian Computer Society Code of Ethics. http：//courses. cs. vt. edu/. 2004-02-26.

⑤ 宋吉鑫．网络技术的伦理建构．东北大学学报（社会科学版），2003，(3)：164-165.

第三节　网络技术与人的全面发展

以网络技术为基础构建的信息高速公路，为人们提供了广阔的生产、生活与活动空间，使人类社会逐渐发展进入一个新阶段——网络信息社会。建立在这样社会基础之上的人的生存与发展都会呈现新的面貌。

一、网络信息社会促进人的全面发展

20 世纪 70 年代，计算机技术已经在全球形成蓬勃发展态势。90 年代，全球进入互联网时代，网络技术得到空前的发展，并深刻影响和改变人们的生产、生活及观念。

“网络既是一种技术，更是一种文化。”① 一方面，技术被置于社会的需求和特定的社会文化背景之中，受社会文化影响；另一方面，技术始终按照自主的逻辑增长，技术自身的问题及其解决是推动技术进步的原动力，它进而推动社会的进步。回顾和考察技术发展的全过程不难看出，技术发展的不同阶段决定着社会的发展形态。

众所周知，关于人类社会发展阶段的划分，有社会形态和技术形态两种。就后者而言，主要是依据不同历史阶段的主导性技术，将人类社会分为远古时代、农业社会、工业社会和信息社会。而信息社会的建立基础离不开网络，正是由于网络加速了信息的传递，人们对信息社会的到来有了清醒的认识。由此可见，信息社会的特征是由网络信息技术决定的。

网络信息社会是由计算机网络营造的一种包括信息、知识、情感在内的崭新的生存环境。各种价值观念、生活方式和思想情感在这种异质的生存环境中交融碰撞，呈现出多元化的特点。网络社会的多元性表现为人们之间的交流是开放的，各种信息的获得不受具体条件的制约，同

① 楚丽霞．关于网络发展的伦理学思考．伦理学，2001，(2)：77.

时各种思想和观念也呈现出明显的异质性特点。依靠计算机和网络技术手段，人们可以跨越时空获得各种需要的信息；可以对政府行为进行监督，跟朋友密切交流；可以形成“电子夫妻”、“信息办公”、“家庭工作室”等以往社会无法想象的情形。群体与群体之间、个人与个人之间的交流、交往空前开放，不同地域、不同文化背景的人们，借助网络技术相互影响，人们的价值观也因此趋于多元化。

此外，由于网络技术的快捷，网络的连接使得信息传递真正实现了传播速度快捷、节省时间、高效的特点，极大地提高了办公效率。全球网络的应用，改变了以往的时空观念。科研合作、商务订货及信贷服务都通过信息技术手段来实现，办事效率和经济效益都得到极大提高。当然，网络信息技术的快捷性客观上催生了人们对行为效果的最大化的追求。采用信息技术的电子监控在给工作场所的隐私带来威胁的同时也达到了生产效率的最大化；在使员工的个人自由受到限制的同时也使对员工的业绩评价更合理和科学。①

一方面，网络信息社会使人们通过互联网传播、获取和“消费”信息；另一方面，网络信息技术和信息社会客观上要求人们在知识、技能及思想道德上自律，要求人的自由全面发展，并为人的全面发展提供了充分条件。

第一，网络信息技术丰富人的知识，开发人的智能。人在网络空间中可以尽情发挥自己的潜能，做自己想做的事情。人们还可以利用网络信息技术，研究和开发人的大脑网络系统、人机对话系统，通过人工智能和人类智能的双向互动来开发人类智力，实现人类许多梦寐以求的理想。

第二，网络信息技术促进人的个性品质的完善。在人机交流的隐匿性条件下，人的道德自律水平和慎独境界会越来越高。人们在现实社会中的心理压力、精神紧张和不愉快，都可以在网络休闲中得到调整，情

① 理查德·A. 斯皮内洛. 世纪道德——信息技术的伦理方面. 刘钢译. 北京：中央编译出版社，1999.

绪得到宣泄，当回到现实中时，人的精神状态会发生明显改变。越是在无人监控的情况下能够做到道德自律，越说明人的发展和进步，说明人所获得的自由就越大。

第三，网络信息技术提高了劳动生产率，满足了人们全面发展所需要的各种消费需求，而且把人从繁重的体力劳动和脑力劳动中逐步解放出来，缩短了人们的劳动时间，增加了人们全面发展所需要的自由时间。

第四，网络信息技术促进社会管理方式发生引人注目的变化。传统的组织管理结构是一种管理权力高度集中的金字塔形的组织结构。过去，由于种种原因，人民作为“国家的主人”并没有享受“被充分告知”的权利，并没有真正参与到决策、管理过程之中。而今，随着网络的崛起，人们可以突破时空的限制，直接取得决策所需的各类信息，经由网络“直接”参与公共事务。同时，政府也可以借助网络随时接收民意的回馈，甚至获得来自人民的直接授权，从而随时修正施政方针。

第五，网络技术的发展必将引起人们社会生活方方面面的变革。通过互联网络，将消除由于距离所带来的不便，万里之外的亲朋好友可以“当面”交流思想、研讨学术、交换信息；通过互联网络可以方便地购物、订票；通过互联网络，可以坐在家中“进入”图书馆、博物馆、艺术馆、旅游胜地；通过互联网络，可以自由地选择学校、教师，接受良好教育；通过互联网络，乡村医生也能邀请全世界的医学专家对疑难病人进行会诊；通过互联网络，能使家庭获得多种新型服务，如借助网络点播和收看直接传送的电影，阅读交互式报刊，数字式日报将直接传送到订户家中，订户可选阅感兴趣的文章；等等。从技术上说，家庭所需要的服务，几乎都可以借助信息高速公路直接或间接获得。人们的生活将变得前所未有的方便、舒适。

当然，仅仅用光缆、导线连接起来的高科技社会，尽管为人与社会的道德进步以及自由全面发展提供了前所未有的巨大可能性，但还并不是我们理想的道德社会。科学技术不是解决人类问题的“万灵丹”。科技发展史也不断显示：作为手段和工具的技术发明往往是一柄“双刃剑”，在其表现出对人类社会积极方面的同时，如不加以合理地应用、管理和引导，必然带来许多负面影响。技术的力量再大，它毕竟是人类的工具，如何运用它则主要是社会领域特别是人的问题。因此，一个真正合乎人性、使人能自由全面发展的道德社会，还有赖于我们基于网络技术去创造。[①]

综上可见，网络已实实在在地在改变着人类的生活面貌，也正因为网络技术和网络建设发展迅速，许多网络成员已经在一种新的交往方式、生产方式和生活方式中生存。网络技术在促进人的自由和全面发展方面，在智力、人格、生产、管理、生活等方方面面，都具有不可低估的价值。

二、网络生态环境下人的全面发展受技术的制约

技术的后果与影响内在于技术之中[②]，技术发展具有深刻的伦理与政治内涵。因为技术的发展极大地改变了人类的生存状况，科学技术已经渗透到社会政治与经济生活中。[③] 同时，技术发展也是人全面发展的条件。人来于自然又高于自然，成为高度社会化的存在物，意识和智慧高度发展的存在物。人是自然属性、社会属性和精神属性的统一，而技术则是促成其具体历史统一的枢纽。[④]

技术促成人与自然关系的演变，并因此促成人的发展。技术在本质上是人类改造自然的手段和方式的总和。人与自然的关系从原始的起点上认识就不是对立的。人类生命的起源与发展都离不开自然条件，自然是人类赖以生存的依托。但人对自然的作用经历了不同的历程。在科技和生产力水平低下的条件下，人类是被动地接受大自然的恩赐，人类的主体能动作用不能得到充分的发挥。随着科技和生产力水平的发展和提高，人类不再屈从于自然，而是利用技术成果来发展自己，用技术文明来装扮世界。但是，工业文明之后，接踵而至的生态危机使人类开始清

① 严耕，陆俊，孙伟平．网络伦理．北京：北京出版社，1998：55.

② Ellul J. The Technological Society. New York：Random Press，1964：98.

③ 马会端．实用主义分析技术哲学．沈阳：东北大学出版社，2006：26.

④ 阿尔温·托夫勒．第三次浪潮．朱志焱等译．北京：生活·读书·新知三联书店，1983：56.

醒，感悟到人类的贪婪给自然带来的伤痕累累将会置人类于发展的困境之中。马克思对资本主义社会科学技术应用的矛盾现象作了非常深刻的分析："在我们这个时代，每一种事物好像都包含有自己的反面。我们看到，机器具有减少人类劳动和使劳动更有成效的神奇力量，然而却引起了饥饿和过度的疲劳。新……的财富的源泉……变成贫困的根源。技术的胜利，似乎是以道德的败坏为代价换来的。随着人类愈益控制自然，个人却似乎愈益成为别人的奴隶或自身卑劣行为的奴隶。甚至科学的纯洁光辉仿佛也只能在愚昧无知的黑暗背景上闪耀。我们的一切发现和进步，似乎结果是使物质力量具有理智生命，而人的生命则化为愚钝的物质力量。现代工业、科学与现代贫困、衰颓之间的这种对抗，是显而易见的、不可避免的毋庸争辩的事实。"① 于是，人又开始寻求人类与自然的和谐统一。20 世纪 80 年代，人类提出的可持续发展的思想就是人与自然关系变化的最佳明证。人类在发展的里程中，思想问题的视角和方式已经由眼前发展到长远，由追求既得利益到终极目标，可见，人类的认识产生了飞跃。

技术促成人类社会关系的演变，并因此促成人的发展。在人们形成的社会关系中，人往往是借助技术中介进行结合和交往的，技术发展是社会和人自身发展的条件。在科技和生产力水平落后的时代，人们交往的手段和条件也十分有限，与之形成的社会交往关系也表现出狭隘和简单的特点，可谓"鸡犬之声相闻，老死不相往来"。狭隘的社会关系必然制约人的发展状况，人必然会成为片面和狭隘的人。科学技术和生产力水平的发展和提高，促进了社会的进步，导致了社会形态的变化，改变了人们之间的社会关系。网络信息技术更是为人的社会存在方式展现了广阔和新奇的前景。人们通过网络技术，进行的不仅是情感交流、信息交流，而且是思想交流。这种交流的效益是"1＋1＞2"的效应。正如一位哲人所言：以往的物质交往是你我各得一个苹果，而今天是你我拥有两种信息和两种思想。可见，信息技术对人的发展起重要的推动作用。

---

① 马克思，恩格斯．马克思恩格斯选集．第二卷．北京：人民出版社，1974：78-79.

未来学家托夫勒说："电脑网络的建立与普及将彻底改变人类的生存及生活的模式，而控制与掌握网络的人是未来的主宰。谁掌握了信息，控制了网络，谁就拥有整个世界。"[①]

技术促成人类智慧和精神系统的发展，并因此促成人的发展。人区别于动物的标志之一是具有思想、意识和智慧，具有学习能力。而思想和智慧的发展又紧紧依赖于科学技术的进步。农业文明孕育了文明古国的宗教、哲学、艺术和其他文化；大工业及同时代的科学技术带来了前所未有的科学、知识和智慧；伴随着网络信息技术的发展和知识经济时代的到来，人类的思想和智慧发展将再上新台阶。人类的思维、思想和智慧的发展，反过来又会促进社会的发展和进步。

总之，技术发展是社会的政治文明、物质文明和精神文明全面发展和思想进步的根基，也构成人的全面发展的基本条件。

网络技术作为技术发展的高级形式，对人的心智发展、观念变革及思维革命均具有不可低估的作用。网络信息技术加速了信息社会的到来。信息社会作为人类社会科技和生产力发展的高级阶段在促进人的全面、自由发展方面具有空前的积极作用，人类要实现追求全面发展的终极目标以获得更大的自由，科学的发展观是指导人类行为选择的关键。相信随着人类对网络技术的控制程度的增强，以及网络伦理体系和约束机制的不断健全，网络技术的负面性一定会在技术实践的过程中通过人的认识和实践不断消解，展现在人类面前的将是人与社会、自然的和谐统一。

① 傅静．科技伦理学．成都：西南财经大学出版社，2002：252.

第三章 网络伦理的本体性界定

网络或称互联网，是全球性的信息系统。“网络”一词最早起源于第二次世界大战以后，是英国的结构功能主义社会学家、人类学家纳戴尔和巴尼斯等人用来分析社会结构和文化体系如何规定人类行为时所运用的概念。其原意指社会群体之间、社会成员之间和群体与其成员之间复杂的网状联系。20 世纪 80 年代以后，随着计算机技术的广泛应用，特别是 90 年代国际互联网的出现，计算机技术的应用引起的伦理问题日益成为社会关注的热点。当然，网络在引发社会伦理问题的同时，网络的意义和现实价值也是不可低估的。网络不仅通过快捷手段为人们提供大量的信息，而且不断拓展人类的认知和实践活动的范围。因此，深刻认识网络及网络伦理的概念蕴涵及本质特征，具有十分重要的理论意义。

第一节　网络伦理的发生

伦理是人们的意识现象或精神范畴，它由社会的客观存在的决定，并受其影响。伦理观念是人们的社会实践内容的主观反映。人们社会实践的内容不同和客观存在的内容不同，决定了人们的伦理观念和伦理意识的不同。

网络伦理的系统化哲学思考与网络伦理问题的产生不可分离。网络伦理问题或网络伦理研究从发生学的角度分析，源于对网络技术应用价值的认识。网络的形成具有先进的技术基础，是计算机技术发展的必然结果或高级阶段，因而，在客观上决定了网络伦理与计算机伦理之间的不可分割的逻辑联系。换句话说，网络伦理也是计算机伦理发展的更高阶段。

回顾历史，计算机伦理的形成经历了近十年的发展。人类在使用计算机的初期并没有认识到伦理问题相伴，最早关注计算机伦理问题的并非伦理学家，而是计算机专家。使用和应用计算机的专家们在技术实践过程中，发现了与技术应用相伴的伦理问题，并研究解决的方法。例如，最早关注和研究计算机伦理问题的，是美国麻省理工学院教授、计算机专家诺伯特·维纳。他在应用计算机的工程实践中，创造了自己称为控制论的研究领域，并与计算机相结合产生了具有洞察力的伦理学观点。20世纪70年代中期，美国教授W. 曼纳（Walter Maner）率先使用“计算机伦理学”术语来处理和发现应克服和避免的技术伦理问题。可见，伦理是对实践的回应。20世纪80年代以后，随着全球互联网的广泛普及，反映在各个方面的伦理问题也越来越多，特别是高技术的突飞猛进，使一些伦理问题由“潜在”转化为“现实”，并且日益由简单变得复杂。伦理问题不仅引起了使用网络技术的人的关注，而且引起了哲学家的关注，以致在全球掀起网络技术伦理研究的热潮，促进和加速了技术哲学研究的伦理转向。

一、网络伦理概念界定

伦理是关于道德的哲学思考，而伦理学实际上也就是道德哲学。伦理学所研究的对象是人与人、人与社会，以及人与自然的一种有关行为规范的道德规则。[①] 伦理是对道德现象和道德关系做出的系统的回答。伦理与道德有“微殊”而无“迥异”，二者在一般意义上可以通用。但有时，道德多指约束人们行为的规范，而伦理不仅包含规范，而且包含一种责任。责任是伦理的范畴。

网络伦理则是指人们在网络生态环境中处理各种关系的原则及规范的系统化的哲学思考。网络伦理是信息伦理的组成部分，网络伦理的概念源于计算机伦理。20 世纪 70 年代中期，著名应用伦理学家曼纳把计算机伦理学定义为：计算机伦理学是运用传统哲学原理研究计算机应用中产生的伦理问题的学科。[②] 按照曼纳对计算机伦理学的定义，网络伦理学是指运用哲学原理研究网络应用中产生的伦理问题的学科。但是，这种定义既不清晰，也不准确，不能准确反映网络伦理的实质。因此，更为通俗的定义如下 ：网络伦理，是指人们在网络空间中应该遵守的行为道德准则和规范[③]；或者是指在计算机信息网络专门领域调节人与人、人与社会特殊利益关系的道德价值观念和行为规范。[④]

网络伦理应该既包括网络技术伦理，又包括网络生态环境伦理。网络技术伦理主要指网络基础技术研发、管理及应用的实践主体，在计算机、网络及信息技术处理过程中，处理技术主体与技术服务对象关系、技术主体与社会关系及技术主体之间关系的原则、规范的系统化的哲学思考。网络生态环境伦理则是指人们在网络空间中彼此处理人与人及人

① 童鹰．哲学概论．北京：人民出版社，2005：13.

② Stanford Encyclopedia of Philosophy. Computer ethic: basic concepts and historical overview. http: // plato. stanford. edu/. 2004-05-02.

③ 黄巧玲．网络伦理困惑探析．洛阳师范学院学报，2002，(1)：33.

④ 肖应连．网络伦理学的发展与思考．湖南省政法管理干部学院学报，2002，(4)：100-101.

与网络环境关系的原则和规范的系统化的哲学思考。我们把网络技术伦理研究限定在以技术专家及技术管理者作为技术主体，而网络生态环境伦理的主体，我们认为包括所有在网络空间中使用、利用网络及管理网络的个体和组织。

上述关于网络伦理定义的种种，都没有跳出准则和规范的维度，反映出前人对网络伦理认识的局限。尽管我们并不否认前人的思想给我们的启迪，但是，我们还是非常理性和审慎地考查网络技术发展带给现实社会的问题，以及人们为解决问题而产生的思想变化和认识飞跃，并在前人思想的基础上实现一种新的超越。因此，对网络伦理概念的界定就理应突破准则和规范的限度，上升到哲学的系统化思考。

进行哲学的系统化思考势必要对网络生态环境下的所有现象进行反思、批判和建构。反思、批判和建构是哲学研究问题的方法，同时也是哲学实质和要义的根本所在。哲学并非一门僵死的理论学科，哲学的解放强调哲学对现实问题及理论观点的反思、批判和建构。它不仅是世界观，而且是方法论。

网络伦理是关于网络道德现象和网络道德关系的哲学思考。网络道德现象是指关于网络道德的认识、思想体系和观点，这是网络道德的意识现象；网络伦理行为及规范体系是网络道德的规范现象；开展网络道德的评价与控制是网络道德的实践现象。网络道德现象是由网络道德的意识现象、规范现象和实践现象组成的全面内容。网络道德关系从客观的角度分析，应该包括网络社会中人与人的关系、人与网络技术的关系和人与现实社会的关系。当然，如果将其纳入微观的视野，网络社会的人与人关系中还应该包括网民与网民的关系、网民与网络管理者的关系；人与网络技术的关系中，包括网民与网络技术的关系、网络管理者与网络技术的关系及网络技术人员与网络技术的关系；人与现实社会的关系中，还应该包括网民与社会的关系、网络管理者与社会的关系及网络技术人员与社会的关系。可见，对网络伦理进行探究，绝不是简单地创建规则，更重要的是进行学理分析，真正使这项研究实现系统化的哲学思考。

二、网络技术应用与网络伦理问题

随着国际互联网的迅猛发展，网络技术对社会的政治、经济、文化的影响日益引起社会的广泛关注。互联网已经把人类带入网络社会。在这样一个具有开放性和多样性的社会中，人们通过广泛的信息交流与交往，通过网络平台跨越时空，组成一个个体与整个世界相连接的开放通道，使人与人之间的关系、科研与合作之间的关系、政府与民众的联系，以及人们的生活方式发生了翻天覆地的变化。网络技术的兴起和广泛应用被人们誉为继近代工业革命以后的一次巨大的技术革命。然而，人们在尽享网络技术的成果给人类带来优越利益的同时也认识到，网络是一个充满悖论的空间。网络技术应用的双重性及网络产生的伦理问题越来越引起人们的反思，人类在正确认识网络伦理（network ethics）问题的同时，也深入地探讨规范网络技术的社会伦理建构，以确保网络技术的可持续发展。

技术悖论（technological paradox）是西方一些学者在考察技术双重性时所使用的特定名词。它指技术产生的后果与技术要实现的目的相悖离。[①] 诚然，站在客观主义立场分析网络技术的社会价值，人们都会毫不犹豫地得出积极肯定的结论。网络技术在其广泛的应用过程中产生和发挥着积极的作用。

任何社会的发展都是政治、经济和文化“三位一体”的互动过程，网络信息社会也不例外。网络技术的应用在政治上促进了政府和民众的联系，扩大了民主，增强了政府运行的透明度并切实提高了政府的工作效率和科学化的管理水平。网络技术的应用，使民众与政府的联系在短时间内得以加强，民众便于监督政府，政府能更好地为民众服务，政府的工作也更能体现公正、公平和公开原则。网络技术的应用在经济上极大地促进了商贸信息以最快的速度在经济单位之间、消费者与生产者之间迅速传递和广泛沟通，既强化了生产的目的性和计划性，又能迅速满

① 陈昌曙．技术哲学引论．北京：科学出版社，1999：238－244.

足消费者的需求，具有以往的“物理空间”中资源共享所不具有的快捷和便利。网络技术的应用在文化方面产生的影响也是十分巨大的，它不仅为人们查询信息、进行科研活动和科研合作、开展远程教育提供了条件，而且改变了人们的文化价值观念和生活方式，人们可以在网上求职、购物、交友、谈情说爱。总之，网络技术的应用对整个社会的发展起到“助推器”的作用。

当然，任何事物的发展都有正反两个方面，网络技术的应用也不例外。随着网络的普遍应用和广泛影响，网络的负面性也被人们越来越多地看到，人们对网络的忧虑意识也越来越强，网络带来的伦理问题也越来越尖锐。只有正确认识网络技术的应用价值，科学考证网络的影响，才能确保网络技术正价值的发生。

人类应用网络技术的初衷是善良的，这一点毋庸置疑。然而，在网络技术的应用过程中，同样面临着人类在物理现实世界中前所未有的伦理挑战。网络技术为人类创造的是和真实世界相对应的“虚拟现实”(virtual reality，VR)。人们在这种既“面对面”又非直接交往的情景中，时刻面对着伦理行为选择。如何以高尚的道德标准严格自律成为检验网络技术应用价值的试金石。

网络技术应用所面临的伦理问题概括起来主要有六大负面影响。第一，在经济上表现为网上虚假信息增多，欺诈行为严重。由于网络信息传递的快捷，一些人选择网上购物，网上沟通、合作，网上摇奖、中奖，但是由于对方不守信用而导致上当、受骗。第二，在知识产权保护方面表现为严重侵权。由于计算机技术为人们提供的是一个开放的空间，一些计算机技术“高手”可以随意闯入他人的领地，窃取技术秘密，更有甚者闯入他人的电子信箱或某些重要的数据库盗用个人的技术秘密和非公开的数据、资料。第三，计算机病毒与网络联姻，人为传播，危害公共信息安全。第四，信息垃圾、信息污染日益增多。互联网上的黄色信息日益泛滥，毒害着一代青少年，网上的垃圾信息越来越多，部分信息干扰人们的正常生活。据最近的一项名为“网络十大罪状”的民意调查结果显示：第二大罪状为垃圾邮件，第三大罪状是网络谣言，第五大罪状是网络色情。[①] 第五，个人信息、个人隐私难以得到保护。第六，网民的道德人格受到困扰，西方的价值观念乘虚而入，民族文化发展面临困境。上述六大问题反映出网络技术对社会发展产生的负面影响，同时也从另一个侧面向人们展示出伦理道德的突出重要性。所以，确保网络技术的健康发展，必须首先从人类这一特定主体着手，加强和提高人类的道德意识和道德觉悟，增强道德自律的能力，在网络技术实践中践行道德。[②]

网络技术伦理悖论是在网络技术实践过程中产生的与人们的主观动机和应用技术的目的相反的现象。透过上述现象，可以总结网络伦理问题的实质表现为以下几方面。

首先，网络技术导致主体个性发展的困窘。网络技术应用所创建的网络环境，一方面，可以对发展人的个性产生积极影响，使技术应用主体可以在宽松自由的环境中尽情“冲浪”；另一方面，又会使技术应用主体的个性受到“威胁”。由于网络交往的“非面对面”形式的客观存在，隐匿性造成技术主体在释放和宣泄情绪时的无所顾忌，以“我”为中心的个人主义思想膨胀，在“物理空间”中的个性健全和完美在网络环境即“虚拟空间”中就会受到挑战。这是网络技术与个体人的发展关系中遇到的现实难题。

其次，网络技术导致新的“技术弱势群体”。在“物理空间”中，人们并非紧密地依赖于某种特定的技术条件生存，现实世界中的弱势群体也往往表现为经济、政治及文化水平方面的缺失。然而，在网络技术广泛应用的今天，“技术弱势群体”会伴随网络技术的飞速发展而出现。如果一个人想脱离网络技术，摆脱网络技术的影响和干预，那么，这个人很快就将被诸多由网络技术产生的新事物抛弃。铁路购票、银行信贷、医院就医、人才招聘、基金申请、成果评审、商品销售等，太多的实践使得网络技术无孔不入。强大的网络技术超越了人们的主观意愿，已经

① 唐一之，李伦．网络生态危机与网络生态伦理初探．伦理学，2001，(4)：83-87.

② 宋吉鑫．网络技术的伦理建构．东北大学学报（社会科学版），2003，(3)：164.

将人们的生存置于网络环境及“网络社会”之中，而对那些没有掌握和应用网络技术的人而言，归队于“技术弱势群体”是不言而喻的。长久不能有效地解决这个问题，势必会给社会带来发展中的滞障，不利于社会差距的缩小和消除贫富差距，使“技术问题”演变为严重的“社会问题”和“政治问题”。正如有的学者指出：“电子信息网络的出现将改变现有的社会分层，未来社会将出现两大相互对抗的新的阶级或阶层，即掌握可控制信息的群体和不占有信息的群体。前者是网络中的技术强者，而后者为弱者。”①

最后，网络技术导致“伦理灰色带”。技术由于自身的逻辑增长其发展速度极其迅速，网络技术也不例外。从20世纪80年代国际互联网兴起以来，全球已经有数以亿计的网民。庞大的网络技术主体群以不同的利益驱动和丰富多彩的需要，以各种不同的行为选择，通过网络技术的应用来实现自己的目标。个体行为与他人的冲突、个体利益与公共利益的碰撞，道德观和价值观的异变，使得许多现实“物理空间”中的道德和法制显得贫困，伦理和法制建设的滞后造成了网络技术“伦理灰色带”生成。

兼顾个人自由与社会规范的平衡，规约网络技术主体行为，挑战人性与物性、个性与共性、一元与多元、自由与控制的矛盾与困惑，是网络技术伦理必须面对和回应的焦点。②

第二节　网络伦理的本质

本质是事物发展的内在的质的规定性。关于本质的理解，黑格尔早有论述。他在《小逻辑》中曾经指出，本质应该有三个方面的内涵：一是“根据是内在存在着的本质，而本质实质上即是根据”；二是“凡是一

① 严耕，陆俊．国外网络伦理问题研究综述．国外社会科学，1997，(2)：16.

② 宋吉鑫，王健，赵迎欢．网络技术伦理困境及社会建构．科学技术与辩证法，2006，(5)：76.

切实存都存在于关系之中，而这种关系乃是每一实存的真正性质”，“关系是自身联系与他物联系的统一”；三是“规律是本质的关系”[①]。依据上述关于本质的规定人们可以知道，本质是“实存”的根据，本质与现象具有同一性，本质通过关系加以揭示，本质与规律是同等的概念。

分析网络的特点，透视网络伦理关系在网络环境中的表现可以看出，主体对人的自由和尊严的尊重是网络伦理的本质。这里的主体既包括网络技术专家及管理者，也包括网络技术的应用者、网络管理者和处在网络生态环境中的一切个体和组织。

一、网络伦理本质的载体

关于技术的本质探讨，理论界早已达成共识。美国当代著名技术哲学家卡尔·米切姆认为，技术是由四类要素互动整合而成的：一是作为对象的技术，包括装置、工具、机器等要素；二是作为知识的技术，包括技能、规则、理论等要素；三是作为过程的技术，包括发明、设计、制造、使用等要素；四是作为意义的技术，包括意志、动机、需要、意向等要素。[②] 技术要素与技术本质是不同的回答。技术本质是“人类在利用自然、改造自然的劳动过程中所掌握的各种活动方式的总和”[③]。技术是一个拓展人类实践的过程。技术是无形技术与有形技术、潜在技术与现实技术在动态过程中的统一；技术是软件与硬件在动态过程中的统一；技术是经验、知识、能力与物质手段在动态过程中的统一；技术是目的与手段在动态过程中的统一。[④]

网络技术作为蕴涵现代科学基础理论并具有十分重要的应用价值的高技术，同样会表现出一般技术的本质。人类改造和利用自然的物质手段，不是独立于真空而存在的。任何技术不是一种抽象的、与价值无涉的工具，而必须根植于特定的社会情境，技术的演替由群体利益、文化

① 黑格尔．小逻辑．北京：商务印书馆，1980：247-326.

② 拉普 F. 技术哲学导论．刘武译．沈阳：辽宁科学技术出版社，1986：185.

③ 陈凡．解析技术．福州：福建人民出版社，2002：4.

④ 远德玉．技术过程论的再思考．东北大学学报（社会科学版），2003，(6)：391-393.

选择、价值取向和权力格局等社会价值因素决定。正如有的学者指出："我们的体制——我们的习惯、价值、组织、思想和风俗——都是强有力的力量，它们以独特的方式塑造了我们的技术。"[①]

因此，网络技术的特殊本质应该深刻反映出网络技术的社会属性，只有与社会发生联系的技术，才有其意义所在。

网络伦理的生成离不开网络技术的广泛应用，也可以说，网络技术是网络伦理得以形成和存在的基础，是网络伦理的载体。如果说网络技术的特殊本质是改变和建立了新的社会伦理关系，那么，网络伦理的本质则将对这种关系的研究直接指向网络主体。主体对人的自由和尊严的尊重是网络伦理的本质展现。

二、网络主体的伦理需要

在网络世界，当下人们的感觉是与"自由"相联系的。网络给人们提供了很多方便，利用网络能做许多以前所不能做的事。人们希望网络能"无所不能"。那么，我们在这里谈论限制人们的思想与行为自由的网络道德是不是多此一举呢？换句话说，网络道德和每一个网络主体有什么关系，为什么在网络上人人都要讲道德，都要遵守和服从一定的网络伦理规范呢？

要弄清这个问题，有必要从人在网络社会中的"需要"谈起。人们的需要即他们的本性。在网络社会中，人的需要是多样的，具有十分丰富的内容，而且一直在不断地发展着。一般说来，人类的共同需要包括物质需要、精神需要、人的自由全面发展的需要等几个大的基本方面。马斯洛按照各种需要之间由低到高的层次和联系，把它们概括为递进发展的五种主要类型：一是生理和物质生活的需要；二是生命安全和保障的需要；三是爱与归属的群体关系需要；四是相互尊重和自我尊重的需要；五是自我实现和全面发展的需要。如果这种划分是比较合理的，那么无论哪一种需要，都直接或间接地推动或导致人们建立起来某种伦理

① 肖峰. 国外SST研究述介. 哲学动态，2001，(7)：29.

道德。

在网络社会中，人们的一切活动——工作、学习、生活、交往、娱乐等无不与网络有关，电子信息网络将是一个社会最基本的技术支撑。维持电子信息网络的正常运行，对未来网络社会来说，不但满足人们最基本的生理和物质需要，而且满足人们的安全需要，诸如保护以“数字”、“符号”方式存在的财产，保证个人隐私不被侵犯，保障基本的网络秩序等也是基础性的。这些需要虽然不直接导致某种善恶感和道德规范，却是人产生道德意识的基础。

归属和爱的需要则直接和道德相联系。“人以类聚”，作为社会的、合群的动物，网络人都希望为一定的群体所承认、接纳，希望获得他人的理解、赞赏和友爱；希望与网络上的其他人建立互相理解、互相帮助、互相体谅、互相促进的友情；在网络上人们还要避免陷入敌意、猜忌、寂寞、孤独状态等。一个在网络上上了黑名单、不被人理睬的人，将会是相当痛苦的。

自尊、尊重他人与被人尊重，是从个人角度所说的。网络的全球性、超地域性，使得不同宗教信仰、价值观念、生活方式、不同情感、个性的人可能经常打交道。因而与传统社会一样，在网络社会中，彼此尊重对方的宗教信仰、价值观念、生活方式、人格、尊严、情感、个性等，不仅是个人的、也是网络社会道德的最基本要求。在网络社会中，尊重与自尊的需要不断使人形成善恶感、责任感、义务感与荣誉感。例如，在网络世界中，人们应该时刻注意自己的行为，不要火气太大失去控制，甚至谩骂他人；注意发送字符的质量或信息量，节省他人的时间；弄清别人在谈论什么后再发表意见，以免文不对题、胡搅蛮缠；尊重他人隐私，不阅读他人的电子函件等。不尊重他人，显然是不恰当的，也是应该受到惩罚的网络行为。相反，尊重他人的需要，则使人对崇高的、无私的甚至神圣的价值充满崇敬、景仰。而自尊的需要又使人在道德上永不满足现状，力求自己有势力、有成就、受人赏识、重视或赞誉，从而不断向理想接近。

自我实现与全面发展的需要使人不断追求一种有意义的人生，希望充分发挥自己的潜能，不断超越自我，创造出人生的理想境界。网络技术为人的自由和全面发展提供了巨大的可能性。人的这种自由全面发展的幸福人生，当然也是道德的最高境界；由如此人生构成的社会，也就是最道德的社会。不过，这里需要注意的是，目前网络给不同人所提供的自由发展机会与前景各不相同，这也会引出诸如公正、平等、人权等许多道德问题。

网络公民的五种基本需要之间存在着层层递进、依次上升的关系，因此也决定了相应道德的层次性。例如，在网络社会中，总是首先保证那些调节人的基本利益关系的道德规范（法规），如不欺诈、不偷盗、不故意破坏等，而后才随着社会的发展出现一些较高层次的、调节人们精神性关系的道德规范，如平等相待、尊重人格、互相帮助、互相友爱等。当然，需要是具体人的具体需要。现实生活中不同人、不同民族、国家都有着不同的需要，它们常常彼此矛盾和冲突着，因而体现和反映着一定主题需要的道德体系、具体道德观念和道德规范都具有相应的内容和特点，常常因不同人、不同民族、国家等的不同而不同。目前，各网络主体如西方国家与东方国家、不同宗教信仰的民族间的道德就并不一致，而且还尖锐对立。也正因为如此，所以特别需要制定一系列最基本的网络伦理规范，以协调各网络主体之间的关系，以使网络公民自觉协调自我与他人、社会的关系，自己管理自己、自己组织自己的规则与方式。

从网络人的需要、特别是伦理需要来理解网络社会中人与道德的关系具有深刻的意义。在网络社会中，网络道德不应是人与人、人与社会分裂对立的影子。网络道德的健全和发展与每一个人不应是异化的对抗形式，而应是人们基于社会发展的理解生活、自尊自爱、自我肯定、自我发展的表现。

人的道德需要是产生道德的基础和前提，但不是唯一的基础和前提。如同现实中一样，网络社会中人们不是需要什么就能够有什么，想干什么就能够干什么的。就是说，人们在网络生活与交往中，仅仅有道德需要，还不一定就会自然而然地产生道德。特别是，合理先进的道德从来就不是自发出现的，而是人们自觉地认识和努力创造的结果。于是就有一个正确地认识人们自己和社会在网络中的需要，并依据客观条件和内心信念来建立道德规范的问题。[①]

可见，网络社会的正常运转呼唤网络伦理规约的构建。人们在网络实践中深切感到，网络伦理是网络主体的内在需要。由于网络空间匿名性、非确定性、开放性等特点决定了只有构建人人自觉遵守的网络伦理原则和规范，才能保证网络世界的文明、有序运行。同时，对网络人需要的分析表明，网络人的核心需要是对人的自由、尊严的尊重和满足。

三、网络伦理的内核

在网络伦理研究中，网络主体一般主要由三部分人员组成：一是网络技术的管理者；二是网络技术的研究人员；三是网民。这是站在个体伦理研究的视角进行的划分。从群体研究视角分析，网络主体还可以分为国家、网站和网民群体。

探讨网络伦理的本质首先必须立足于对规律的认识和把握。网络主体不管是哪部分，都将在网络中面对与人的关系问题，这个问题是传统伦理学研究的首要问题。在传统伦理学研究中，伦理关系仅限于人伦关系，即中国古代的思想家孟子讲到的“五伦”关系：君臣有义；父子有亲；夫妻有别；长幼有序；朋友有信。伦理乃是人与人之间处理关系的道理。现代伦理尽管对传统伦理进行了发展，将人与自然关系作为伦理研究的道德关系之一。但是，人与自然之间的关系是人与人关系的中介，因为自然是人类赖以生存的依托和基础，人类保护自然的终极目的是为了人类的可持续发展。在这样的认识基础上，我们今天依然可以说，人与人的关系是最基本的伦理关系。网络伦理研究中的主体不同，但是，要揭示的基本关系都是主体与人的关系。社会发展的最终目的是促进人的自由和全面发展，这是人类社会发展的终极目标。而要实现这个目标，不管今天的社会是多么异彩纷呈，人是目的而不是手段的思想颠扑不破。

---

① 严耕，陆俊，孙伟平．网络伦理．北京：北京出版社，1998：164-167.

对自由的理解有两个方面。一般地说，所谓的自由就是称心如意、不受约束，人们在法律规定的范围内，有随意安排自己活动的权利，可以按照自己的意志去行事，不受限制。而哲学上的自由指人们在实践中认识了客观规律，并能有意识地运用它来改造世界。

尊严与尊重在某种意义上是相通的，它强调人的自尊心和荣辱感。但尊严高于尊重，它还带有庄严和威严之义。没有委曲就是尊严。

自由与理性相关，尊严与人性相连。人们在对规律认识和把握的基础上必然获得更大的自由，人的自由度越大，人的本质愿望就越能得到展现，而这种展现不受外界的胁迫。相反，被限制就丧失自由，被压迫就没有尊严。

在网络伦理研究中，网络技术管理者能否按照道德和法律的要求监督和管理网络技术研究者的行为，能否为了确保网民的利益和社会利益，正确地选择自己的行为，其根本反映出主体对人的利益的尊重和保障。网络技术研究者能以自己的严格自律，确保技术正价值的发生，不仅对社会发展有益，而且是对人的自由和尊严的尊重。网民在网络空间中，能做到道德自律，不仅对网络健康发展起到保障作用，而且能够实现彼此尊重，利于关系和谐。

网络的应用使人们在某种程度上已经具有和获得了较大的自由，人们可以根据自己的意愿行事，使自己的能力得到最大发挥，情绪得到最大释放，心理得到最大满足，等等。这些既是网络正效应的展现，也是人性的外显。但自由是有前提的，必须符合法律与道德的规范，背离了法律与道德规范的行为就不是自由，而是无政府主义。从另一个角度上说，也是对自由的践踏。例如，网络休闲是一种可以消解心理压力的积极手段，但是，休闲不按公共道德要求同样会适得其反。在网上寻找“梦中情人”，从追求“柏拉图式”的精神恋爱，发展到追求“柏拉图式”的精神婚姻。一个女大学生怀着美好的愿望，千里迢迢去和网恋的“朋友”见面，发现对方竟是一个比她年长 40 岁的老头……由于“网恋”、“网婚”本身的无序性、随意性和隐蔽性，恋情的滥用和畸形发展，给公民道德尤其是家庭道德建设带来了难以预计的负面效应。

透过这些现象我们还不难看出，人对自由和尊严的保障是通过人们的各种行为表现出来的，现象是揭示本质规律的直观表象，本质是事物的内在规定性。人在网络空间中不可以以自己的道德和法律失范葬送自己的尊严和滥用自由，如此，就会陷入技术悲观主义的认识误区。可见，主体对人的尊严与自由的尊重是网络伦理的本质内核。

第三节　网络伦理的特征

对网络伦理特征的认识和把握必须与网络技术的特征相联系，这是因为网络伦理问题产生的根源在于网络技术及网络技术的应用。

谈到网络技术，人们首先必然想到计算机技术，因为网络技术是计算机技术发展的高级阶段，由此在客观上规定了研究网络伦理与计算机伦理的关系。

一、网络伦理的开放性

网络技术的开放性决定了网络伦理的开放性，这不仅是技术发展阶段性的显现，也是技术发展自身逻辑增长的必然。20 世纪 40 年代，世界上第一台计算机诞生和使用之初，人们并不清楚计算机会有伦理问题产生，当时的人们都陶醉在计算机使用带来的可喜变化之中。只是到了 20 世纪 70 年代，世界上出现了第一个计算机“黑客”。人们看到“黑客”行为所带来的经济损害和社会影响之后，深感计算机伦理问题的严重性，计算机伦理学才得以兴起。20 世纪 80 年代以后，计算机技术的普遍应用和国际互联网的诞生，使计算机伦理问题的研究视域拓展为网络伦理研究。可见，从 1970 年阿帕网安装成功，到 1982 年互联网诞生，在历经数十年的时间内，计算机网络已经得到广泛的普及和应用。目前，全球已有 194 个国家和地区联入了互联网，互联网拥有数以亿计的网民和用户。人类正在不断实践着加拿大学者马歇尔·麦克卢汉关于世界将成为“地球村”的预言。当然，这个新的“地球村”

的伦理关系和伦理问题也极其新颖，有许多现实社会难以预见的和不可思议的事物。伦理问题已经从简单的个人行为升华为群体行为，乃至成为超现实行为。例如，由于网络的虚拟性，一个人可以改变自己的性别上网征婚；一个人可以在网上娶30个老婆，生50个孩子；一个人可以在网上赌博而一夜成为暴发户或者穷光蛋，等等。这些问题会产生现实社会中难以想象的后果。之所以认为这些问题严重，是因为它并非在纯粹的虚拟世界中发生，虚拟世界与现实世界的联系依然是十分紧密的。虚拟世界的现象和人们的行为必然要对现实的真实世界发生影响，因为这种由网络形成的虚拟世界是置于现实的真实世界之中的，而人又不能脱离真实世界而存在。在某种意义上，也可以说，这些问题是由于技术发展的开放性造成的伦理开放性的一种特征表现。

二、网络伦理的民族性和普适性

网络是一种文化的观点已经得到广泛认同。具有不同民族文化背景的人，其思想价值观念不同。不同民族、不同地区、不同国家对网络伦理的认知层次和认知范围不同，因此，就会在网络技术的应用与实践中发生不同的问题和表现不同的行为选择，使得网络伦理标准和原则的判定尺度不同。例如，在对待网络赌博的问题上，一些国家认为这是合法化行为；国际上一些学者，对待网络“黑客”的态度也十分不同，一些人把网络“黑客”作为人才中的精英而大加赞誉。伦理判定标准由于文化背景和价值观念的不同而差异极大。

尽管网络伦理在某些方面显现出民族性和地域性的特征，但是，网络社会中人们的观念和行为也会超越本国的疆界，表现出普适性的特点。

普适伦理即人类各种文化传统中存在的普遍真实的、得到人们高度认同的伦理原则和伦理行为规范。它包括两个层面的内容：一是指为了维护全人类共同利益所需要的共同或普遍的伦理原则和规范，如生态伦理、核伦理、国际关系伦理等；二是指各种不同伦理原则和规范之间既包括同一文化传统下的各种不同伦理体系，也包括传统伦理与现代伦理之间的共性意义上的普遍道德价值。①

随着网络的普遍应用及“网络生态环境”保护意识的增强，在网络空间遨游的主体也期盼具有普遍接受和有效公正的伦理规范和行为准则，以确保网络主体行为的适当和符合道德要求，以规范网络秩序，创建和谐的网络生态环境。因此，网络伦理的普适性也必将在尊重合理的民族性意识基础上，形成与普适性的统一。

三、网络伦理的主体自律性

网络的出现不过是几十年的时间，但其发展速度极快，各种软件技术的更新速度更是快得惊人。一个软件开发出来之后不到一周的时间就有可能被另一个功能更为完备的软件所代替，已有网络管理条例的更新速度跟不上网络技术的更新速度，使网络的管理容易出现较大的漏洞。在网络空间中，没有明确的地理位置的区别，现实社会中的分区域设卡、设点管辖、控制的管理方式在网络社会中往往作用不大。失去明确对应机制和条例约束的网络行为，缺乏一个统一的标准，各种不同的道德标准在网络中各按各的方式运行，完全由网络个体的需要和爱好来决定。“我有我自己的伦理道德规范”，“只要我自己喜欢就行”，完全是在一个以自我为中心的封闭的小圈子中进行道德选择和道德行为的。“可以说网络社会目前是一个更趋于朴素的伦理型社会。互联网上，人们的行为主要靠个人的道德自觉和个人的内心信念来维系，而不像现实生活中可以靠内心信念、传统习惯和社会舆论等共同调节。”② 在这种缺乏“他律”的情况下，网络社会秩序的维护更多地依靠网民的“自律”。如果说在现实社会中伦理道德作用的发挥是柔性的，那么在网络中则是超柔性的，网络道德具有极大的随意性。这种现状当然是网络伦理构建的最大障碍，即使当我们真的有一天在互联网上成功地构建了切实可行的网络伦理，由网络技术所决定的网络伦理自律性特点也不会被泯灭。

---

① 赵迎欢．高技术伦理学．沈阳：东北大学出版社，2005：19.

② 李伦．鼠标下的德性．南昌：江西人民出版社，2002：17-18.

传统社会局限于物理空间的限制，主要的交往只是一种面对面的形式。从一定程度上来看，是熟人之间的交往，依赖于熟人（朋友、亲戚、邻里、同行、同事等）的监督，传统道德得以相对较好地维护。人们的道德意识较为强烈，道德行为较为严谨。而在以因特网为基础的虚拟社会里，更多是非熟人的社会，人们以符号的形式进行虚拟社会交往。传统道德的他律手段失去了约束力量。因此，在网络的环境下，要求人们的行为具有更高的自律性。网络作为一种新生型的生存环境，在市场经济的条件下个体对网络信息的消费，目的之一是实现利益的最大化，而这种利益最大化又是依靠各自间的相互节制和自律来完成的。个体在现实自身利益和满足需要的过程中，无论主观上还是客观上都会不断自觉地调控自己的行为，并根据外部和他人的评价、要求来规范自己的行为和心理。因此，网络伦理的自律性也在强化着个体的道德的认同和行为的显示。

伦理约束一般地说是依靠外在的强制，即所谓的他律作用和人们的主体自觉自律相结合的方式发生作用。而网络伦理具有典型的自律性特征，其原因在于网络世界的特殊性和人们在网络世界中行动的特殊性。

从当前的情况分析可见，网络伦理的发展落后于网络安全技术的发展，导致网络伦理问题的发生存在巨大的真空，为网络犯罪和网络不道德现象留下了可乘之机。而这些问题的发生源于网络应用主体行为的缺失，与网络主体行为的自律性差紧密相关。人们知道，现实世界中的伦理道德规范，由于网络主体在网络的虚拟世界中的特殊环境而表现为苍白。生活中的君子在网络中可以成为小人；现实中的彬彬有礼，在网络中可以变得疯狂无理。网络世界显然有虚拟的一面，但是，上网的人是真实的，所以，网络是不能和现实世界完全分割的，网民在现实生活中遵循的道德法律规范，在网络世界中也要遵守。如果一个人在网上经常出现丑陋的一面，我相信他在网上的行为反过来会影响他在现实世界中的精神状态。因此，不能小视一些人在网络空间的自我放纵。正是从这个意义上讲，人人都是网络文明的建设者，使用互联网的上亿网民都是网络文明建设的主体。确立了这一主体地位，大家在上网时就要自觉肩负起一份责任，让文明的阳光照亮网络的天空。

真实与虚假，文明与无理都将会产生冲击和碰撞，外在的道德规范由于主体自律性的缺乏而变得无用和事实上的虚设。网络伦理一方面需要建构规约，另一方面更重要的在于主体自律水平的增强。“尽管有些行为目前法律可能还管不到，但网民要有一个道德底线，要对自己的行为自省”。[①] “技术的进步给人们以更大的信息支配能力，也要求人们更严格地控制自己的行为。要建立一个‘干净’的互联网络，需要法律和技术上的不断完备，还需要网络中的自律和自重。”[②] 可见，失去自律的他律是没有任何意义的。这也是内因决定外因的哲学原理所在。

---

① 庹祖海．中华人民共和国文化部市场司副司长庹祖海访谈．光明日报，2006-04-13.

② 胡泳，范海燕．网络为主．海口：海南出版社，1997：356.

第四章 网络伦理的困境及追问

著名科学哲学家卡尔·波普尔（K. R. Popper）曾把现实的宇宙系统地做了划分，提出了“世界3”的理论。他认为：物质的自然界，包括一切物理的对象和状态属于“世界1”；主观的精神世界，包括人的心理素质、意识状态和主观经验属于“世界2”；客观知识世界，主要指人类精神活动的产物，即思想内容的世界或客观意义的观念世界，或可能的思想客体世界，包括客观知识和艺术作品属于“世界3”。在网络中，网络的“世界3”对前两个“世界”的作用和影响是有目共睹的，客观知识对客观世界的作用和人的主观世界的深刻影响越来越猛烈和强劲。当然，由此产生的问题也越来越多和难以应对。

第一节 网络伦理困境的表征

如前所述，网络的伦理问题表现在方方面面，国外学者主要将其概括为“7P”问题，即隐私、盗版、色情、人格、政策制定、心理、网络保护。如果说这些问题是学者们就伦理困境的表现做出的概括，那么，作为一种学术的理论研究和探索，我们还应该将其深入到学理的层面加以阐发，从而达到对问题根源的分析，有益于找到解决问题的对策，并使对策更有针对性。

一、异质性：网络伦理困境的一般表征

所谓网络伦理的异质性，指的是网络主体在网络交往过程中表现出的悖谬性。在现实交往中，交往对象一般处于有标识的具名状态，也就是说拥有能够被识别的唯一性身份标识，比如从事什么职业、住在哪一个社区及真实姓名、性别、学历、年龄、银行信用、政治信仰等。这些身份标识都是真实的、可靠的，都是被社会所备案的。它们使得某人成为某人而不是他人，能够使得交往对象被唯一地确定。与现实交往相反，网际交往往往处于无标识的匿名状态。人们不知道网际交往对象的真实姓名、性别、年龄、信用程度，更不可能知道他/她的经历、行事方式，甚至连他/她的形象也常常无法得知。

网际交往的匿名性对网络伦理的影响是根本性的，它使得网络伦理成为一种匿名伦理，而不同于传统的具名伦理。无标识匿名状态使得网际交往方式和道德评价方式都无法按照传统方式来进行。一方面，网上匿名状态使得网际交往的主体很清楚，没有人知道自己是谁，正是这种心态使得人们抛弃了现实生活中的所有道德约束，完全按照自己的意愿来行动，不必考虑身份所带来的利益得失；另一方面，网络道德是在虚拟空间交往的过程中出现的，它超越了物理空间的限制，道德关系不再是同一文化背景下的人之间的善恶评价关系，网际交往大多是在完全陌生的不同阶级、不同民族、不同地区、不同语言、不同文化背景的人之间发生的，所以传统伦理标准很难囊括所有的网际交往行为。在无标识匿名状态下，现有网络伦理出现了许多问题，最终陷入困境之中。网络伦理的困境并不在于网际交往中出现了网瘾、网恋、数字鸿沟、黑客、信息隐私和信息垃圾等现象层面的伦理问题，这些问题在现实的人际交

往中也会出现。网络伦理的困境在于，在现存网际交往中人们的基本价值判断陷入了混乱，网际交往行为因而呈现异质性的特征。

现有网际交往的异质性深刻地反映了现有网络伦理的困境，是这种困境深层价值观混乱的表征。并且，这种悖谬性，根植于网络空间的匿名性，是现有网络伦理无法摆脱的矛盾。总的说来，网际交往的悖谬性主要表现在几对相互矛盾的价值准则同时成为网络行为的准则。

（1）利己与利他。这种异质性是从网络主体利益价值的角度表征出来的。按照传统功利主义伦理学的理解，在无标识匿名状态之下，人们都会变得极端的功利和绝对的利己主义。的确，网络上存在许多极端利己的行为。但是，实际上，网际交往中同时存在着大量无偿赠与的行为。在网络社会中，许多人为素昧平生的他人提供了大量的信息和帮助，而且不求直接的回报。并且，某个人可能在某次网际交往中表现得极端自私，而在另一次网际交往中又表现得毫不利己。

（2）自主与从众。这种异质性是从网络主体意志品质角度表征出来的。去除现实交往中的身份顾忌与利益考量，在无标识匿名状态之下，人们获得了绝对支配自己网络行为的自主权。这样一来，在网际交往中，人们的行为应该很少受到他人影响。但实际上，网络中盲目从众的行为大量存在，甚至比现实交往中更为严重。许多网站、个人主页或者 Blog（博客）在很短时间内，点击率呈几何级数上升，正是网络社会中从众行为的结果。

（3）多疑与信任。这种异质性是从网络主体社会交往态度的角度表征出来的。在无标识匿名状态下，谎言对于说谎者几乎是无害的，人们可以无所顾忌地欺骗。所以，在网际交往中，人们应该不相信任何陌生人。但实际上，很多人在网络中很容易相信陌生人。正是这种相信，才会导致网络诈骗频频发生。并且，很多人在现实生活中，常常言不由衷，但在网上却愿意吐露心声。

（4）争斗和合作。这种异质性是从网络主体自我认知和认同的角度表征出来的。在无标识匿名状态下，人们可以任意表达对某人的不满，可以随意宣泄怒火，“人们在网络上交流时会莫名其妙地变得不是其自己"[①]。实际上，网络交往中对立、争斗和攻击很容易产生。然而，网络合作行为也很常见，比如在网络小组游戏中的合作。

（5）游离与认同。这种异质性是从网络主体人际交往关系角度表征出来的。在无标识匿名状态下，人们可以随时从一个网页跳到另一个网页，也可以随时离线。人们在网络中出现、组成共同体都是偶然的行为。所以，网际交往很容易成为游离的、松散的人际关系。但实际上，网络群体的认同感并不比现实群体的认同感差，尤其是当现实生活无法提供某人需要的共识群体时，他/她很容易沉溺于网络中。

二、广泛性：网络伦理困境的具体表征

网络伦理困境的广泛性是指网络伦理在主观和客观领域内存在诸多困境的表征。网络技术的广泛应用，一方面使人们已经无法离开网络而工作和生活；另一方面，网络在使用过程中出现的问题也常常令人十分苦恼。

1. 道德的怀疑主义、虚无主义和个人主义盛行

道德的怀疑主义是主张道德判断没有确定性的伦理学理论，是道德相对主义、道德主观主义、道德情感论的一种表现形式。信奉道德怀疑主义的人，总是把道德判断看成是人主观决定的，而不是事实判断，从而否认伦理判断的确定性。

道德的虚无主义是否认一切人类社会道德价值的理论和态度。在不同的历史时期，道德的虚无主义有不同的表现形态。中国的老庄学派在揭露传统道德虚伪性的同时，主张"绝仁弃义"。在西方，正式把对历史传统和道德原则的否定叫做虚无主义的是德国哲学家尼采。现实中的道德虚无主义表现为无政府主义。[②] 道德的虚无主义否定了道德的继承性和历史的联系性，采用割裂的观点看问题，是片面的和悲观的。网络社会中，网络道德与现实社会的道德也必然存在着联系。尽管网络空间从表

① Newitz A. Identit and the Internet. http：//www. levity. com / julian/ bungle. html. 2007-02-18.

② 朱贻庭．伦理学大辞典．上海：上海辞书出版社，2002：9.

面上看似乎游离于现实社会之外，但从根本上讲，网络空间的许多行为也必然对现实社会产生作用和影响，网络伦理的建设也必将依托于现实社会的伦理理论，不过是依据网络的特殊性确定有针对性的伦理规范。但是，并不是说网络伦理的建设不具有道德的理论基础和思想渊源。

个人主义是一切从个人出发，把个人利益放在集体和社会利益之上的思想。它主张个人本身就是目的，具有最高价值，社会和他人只是达到个人目的的手段。

在网络空间中，奉行道德的个人主义思想的个体或组织，在选择行为时会将个体意愿置于至上地位，不考虑甚至忽略个体行为对他人的影响和对社会的影响。“只要自己高兴，就可以为所欲为”成为个人主义思想者进行行为选择的合理逻辑，理性主义和价值原则受到践踏，道德失范现象屡屡发生。

2. 知识产权方面的伦理问题

知识产权是基于智力成果的无形财产权，它具有地域性和时间性特点。在网络条件下，软件、游戏、影视作品、音乐、书籍和论文等知识产权受到盗版行为的严重侵犯，表现出较为严重的伦理问题和法律问题。

当前，网络侵犯知识产权的行为集中表现在：盗版，即复制并出售软件；购买使用许可证后复制和使用的数量超过许可证许可的数量；复制商业软件并使之在因特网上可以免费获得；从他人那里复制程序供个人使用。[①] 未经允许，借用、抄袭、复制他人的程序和信息，已成为一种普遍现象。不道德的软件开发者可以肆无忌惮地复制别人的源码，并作为自己创作的软件卖给别人；或者抄袭别人程序的逻辑结构、顺序和设计思想嵌入自己的源码作为专利出售。而且技术越是高级，知识产权的归属有时越难区别。

3. 网络公共安全方面的伦理困境

互联网在今天已经介入人们的公共生活，它不仅是重要的信息平台

① 理查德·T. 德·乔治. 信息技术与企业伦理. 李布译. 北京：北京大学出版社，2005：128.

和交流工具，而且其“双刃剑”的性质表现得也十分突出。信息泛滥、损害社会公德及妨碍社会发展的现象时有发生，公共安全受到威胁。例如，网络色情信息泛滥，严重危害青少年的身心健康；传播计算机病毒和黑客对网络的破坏日益严重；流言蜚语和人身攻击现象呈现出无序状态；电子商务欺诈、赌博等，使人们的公共生活秩序受到严重威胁和侵害。北京某大学计算机专业的学生卢某，从网上下载“黑客”软件，并破译、盗取了北京一家公司的上网账号和密码，同时又向同学、好友广泛传播，还在网上发布信息，以100元使用3个月的形式，销售该公司的上网账号和密码，从中获利4000多元。由于账号和密码的广泛传播，给该公司造成的经济损失达16万多元。卢某的行为既违背道德要求，也构成犯罪。网络公共安全受到威胁。

4. 网络的政治伦理危机

网络是以先进的计算机信息技术为载体的交流互换系统。由于网络主体价值需求的多样性与网络价值实现的手段的单一性之间存在矛盾，互联网在成为政治、经济和文化的统一体的同时，也由于各国利益的不同而表现出文化侵略和殖民行径。例如，一些国家的别有用心之徒，利用网络对别国政治进行干预，对他国文化和价值观进行浸染，尤其是政治攻击性行为，会在客观上扰乱人心，影响国家的安全和社会稳定。强势文化的传播和文化霸权主义的盛行，被誉为“电子殖民主义”和“文化霸权主义”。

强势文化国家利用网络倾销自己的本国文化和价值观念，大肆宣扬西方的民主政治、自由和人权思想，企图以“和平演变”的手段，达到和实现自己的政治目的。一些国家还通过网络发布恶意的反动政治信息，利用信息“炸弹”攻击别国，破坏其国家政治和安全。由此可见，网络利用无声息的技术手段，加剧了“电子空间”中国家之间、地区之间、民族之间的道德和文化冲突，从而进行政治演化。

5. 道德冲突和失范现象严重

网络延伸到世界各个角落，尽管网络中有自己的语言和约定，但由于网民的民族、国家、地位、角色不同，以及接受传统道德教育的巨大差异性，对同一件事情的道德评价是截然不同的，甚至是完全冲突的。网络的发展速度是超乎想象的，现实社会的道德规范难以适应变化多端的新环境，即使制定了网络规范，由于跟不上网络升级、换代的速度，也会造成大量的冲突与失范现象。

据资料统计，网络中的信息70%以上是英文信息，发达国家依仗技术的发展水平，在文化方面已经对人的价值观和思想进行浸染。另有一些唯利是图者，受经济利益驱使，将黄色网站的信息传播作为主要经营项目。一些网络技术研究及应用者，还制作信息垃圾、污言秽语、诽谤中伤、指桑骂槐、编造绯闻等，严重干扰人们的正常生活。

除上述困境外，常见的网络犯罪有网上盗窃、诈骗，计算机病毒的制作和传播、盗版等。当前，网络的经济犯罪行为表现也是花样翻新。据资料显示，国内某家银行网站，连续发生个人网上信用卡资金被盗事件，短短30分钟，个人的网上银行存款就丢失万元。中国科学院计算机研究所的网络安全专家表示，这是一起因木马病毒侵入，盗取了银行账户及密码窃取钱财的经济犯罪行为。木马病毒属于恶意程序文件，侵入后，取得管理员权限，远程控制了他人的计算机，获取到他人的秘密账户及密码，并以“真实”身份登录网上银行，轻松将卡上的现金进行支配。① 网络犯罪行为既是法律问题，也是伦理道德问题。道德意识具有防患于未然的作用，表现为主体的自觉，而法律的制约在行为发生之后。因此，在网络社会法律不健全的情况下，道德的力量是巨大的。回应这些伦理困境势在必行。

同时，道德监督和评价在网络中也表现得十分困难。在现实社会中（物理空间），与法律规范的刚性相比，道德规范的柔性特点更多地表现为非强制性，道德评价的手段，主要是内心信念、社会舆论和传统习惯。而在网络社会中（电子空间），道德规范是超柔性的，道德评价只能靠个人的内心信念来维系。尽管网络是开放的，网上的交往是超越空间和时间的，但网络的交往是链接、虚拟、符号化的，交往主体的身份很难明

① 甘晶．网上丢万元．华商晨报，2006-08-20，B2.

晰。交往主体的符号化、封闭化和部落化使社会舆论、传统习惯的监督和评价作用消失殆尽。社会舆论由于不能直面道德问题的当事人而难以发挥效用，传统习惯正经受着新式科学主义、个体自由观史无前例的挑战。

网络中的主体的道德人格被扭曲。人格的形成是个体社会化发展的过程，它是环境和个体相互作用、相互磨合留下的“烙印”，是个体较好地适应相应社会环境的稳定的心理特征。网上许多具有地域性、本位性的道德文化体制和范式通过网络强大的辐射力和渗透力而影响个体人格的形成。网上的多元道德构成只会使个体经常性地处于矛盾的、相互冲突的道德选择中，给个体健康的道德人格的形成与发展造成强大的挤压和扭曲。

网络伦理构建过程中出现的种种困境，其问题的症结就在于，目前现有网络伦理规则基本上是现实伦理原则向网络空间的移植或者变通。尽管现实伦理与网络伦理有着某种内在的联系，“但网络社会不同于现实社会，无中心、无权威和开放性使得类似现实社会中的道德——权力结构在网络空间无法建构起来。所以，现实伦理体系或者现代伦理体系是无法直接移植到网络空间中去”①。可见，在网络空间中，没有现实伦理所要求的道德——权力结构，任何特定的伦理体系都不可能不借助权力或权威来要求所有的人们服从。网络空间的特殊性使得现实社会伦理体系无法在网络社会中建构起来，并且在网络空间，国家权力尚未与道德联姻，所以现有网络伦理必然会陷入困境。那么要摆脱现有网络伦理的困境，必须要打破现实社会伦理框架，重新建构本质上不同于现代伦理的全新网络伦理。

6. 网络伦理责任分配不清

面对尚未形成新的伦理规范和无法可依的“真空”网络，网络伦理责任的分配十分模糊，这也是造成网络困境的根源。例如，某人通过某个 ISP（互联网服务提供商）或 BBS 传播了侵权或违法的信息，那么 ISP

① 刘永某，侯杰．论网络伦理的后现代转向．社会科学论坛，2006，(2)：11.

业者或 BBS 站长应承担什么样的责任？是过错的责任还是无过错的责任？如是过错责任，在什么情况下才算有其过错呢？这引起了多方争议。至今，法律上还没有明确的界定。[①] 目前，网络中的盗版侵权现象十分普遍，原来的某个开发商研制发明的软件，在较传统的应用方式条件下，对软件的专属权的保护效果较好。而今天，随着人们效率意识的增强，网络的普及，带来的问题越来越多，而且有时解决起来相当困难。如一个杀毒软件，以前的升级要定期到公司授权的网点进行，这样一来虽然麻烦，但是有利于知识产权保护。现在，人们可以通过网络定期进行升级，表面上看，节省了时间，提高了效率，但产生的问题是一些没有被授权使用该软件的用户，也可以通过技术的方法，在网上盗版使用。这个现象产生的原因是多方面的，有技术原因，也有使用者本人的道德、法律自律原因，还有网络管理的不当。那么，究竟主要原因在谁？怎样防止事件发生？怎样进行责任追究？一系列问题困扰着人们。这说明除了上述相关法律的问题存在之外，网络伦理的设定也存在问题和面对挑战。如在信息标准、网络域名、网址分配等涉及网络应用程度、应用范围的规定中，已超越了传统的较宽泛的伦理标准“应不应该”，而进入到“该怎样”的量化水平。[②]

网络的无中心性导致网络失去控制中心，网络的匿名性导致网络中人们身份的虚拟性。由于 IP 地址的经常可变性，即使有时发现了某些问题和现象需要控制，但却没有靶向和目标。例如，一些“法轮功”分子在网上进行恶意攻击，从技术上可以掌握信息发出的大概位置，但是，由于计算机联网的数量太大，加之行为者又不断变化其 IP 地址，使得从技术上对某台计算机的控制出现失控现象。可见，网络伦理责任包括法律责任分配不清。

现有网络伦理自身也存在着某些难以排解的理论悖论。首先，网络

---

① 张文杰，姜素兰．网络发展带来的伦理道德问题——网络技术．http：// www.kaidianle. com/article/list2841. html. 2006-07-01.

② 佚名．网络伦理：现状与前景．http：//www. yn98. com/tuku/ ShowArticle. asp? ArticleID=5530．2006-07-01.

伦理的本意是要营造、体现诚信、公正、真实、平等，等等“一致同意”的网络环境和网络秩序，但从现有的网络伦理规范看，它却有可能走向反面，沦为技术上的强者独享特权的借口。正如有的西方学者指出，电子信息网络的出现将改变现有的社会分层，未来社会将出现两大互相对抗的新的阶级或阶层，即掌握和控制信息的群体（knows）和不占有信息的群体（knows-nots），前者是网络中的技术强者，而后者为弱者。①

当前网络道德建设所面临的主要问题，从网络技术的运行和使用上看，存在着不平等使用现象、道德冲突、道德冷漠、人际情感疏远、网民隐私受到侵犯、安全威胁等问题。从伦理范畴构成要素的角度看，伦理意识方面存在道德相对主义盛行，伦理规范方面出现道德失范，伦理行为方面出现大量不规范行为等问题。从工具理性的角度看，存在着网络依赖与网际自我异化、传统社会性人格的嬗变、民族文化的萎缩、文化霸权主义等问题。

网络道德秩序的建构。学者们普遍认为，国家或网络管理部门可以通过采取高技术手段，建立一套网络安全体系，审查、控制网络信息内容及其流通。同时，通过一定的技术跟踪手段，使有关机构能够对网络责任主体的网上行为进行检查，确立网络各责任主体与其网络行为具有可追寻的对应关系。学者们还强调，要继续加强与完善计算机网络方面的立法，推进网络道德规范的法律化进程。学者们一致认为，开展网络道德教育是构建网络伦理的基础，尤其是要加强青少年的网络道德教育。②

第二节　网络伦理困境的追问

网络困境的根源主要有两个层面：一是客观的物质、制度性根源；

---

① 严耕，陆俊．国外网络伦理问题研究综述．国外社会科学，1997，(2)：16. 转引自：刘大椿、张星昭．网络伦理的若干视点．http：// www. frchina. net/data/detail. php? id＝9553. 2006-07-01.

② 吴潜涛，葛晨虹．网络伦理研究．http：// www. people. com. cn/GB/paper 464/9867/906541. html. 2006-07-01.

二是人们的思想观念性根源。

一、网络伦理困境的物质性追问

从客观的物质性根源分析，“网络社会”的结构缺陷，经济利益的不良驱动，“网络社会”的规范脱节，是网络伦理困境产生的物质性根源。

首先，与现实社会的结构比较，“网络社会”的结构带有明显的离散性特点。

“网络社会”是由计算机网络、远程通信技术等要素构成的虚拟社会系统。它没有中心，不设置拥有最高权力的中央控制设备或机构，因而客观上造成在网上进行主导的道德控制是十分艰难的。在网络社会中，人与人之间的相互关系主要是一种信息交流和交往的关系。这与现实社会中人与人之间的关系是极为不同的。

现实社会中，人与人之间的关系主要是物质生产关系，并且现实社会的结构是包括政治结构、经济结构和文化结构的“三位一体”的系统。在不同的结构中，人与人的关系也有不同的表现形式。人们在现实社会中形成的社会关系主要包括两个方面，一是物质的社会关系；二是思想的社会关系。物质的社会关系一般指生产关系即经济关系，其生产关系又可以分为生产、分配、交换、消费诸关系。思想的社会关系包括政治的、法律的、道德的、宗教的关系。可见，现实社会的结构决定了现实社会中人们形成的关系的复杂性。当然，为协调各种关系，有效的规章制度及管理方法也是十分必要的。

“网络社会”的结构则不同于现实社会，存在明显的结构缺陷。一些学者认为，“网络社会”是一种离散结构。尽管各个领域中的活动和现象在“网络社会”中依然有所表现，但是，它们之间的联系并非十分紧密。加之网络的虚拟性和自由性，各种现象之间的相互影响也没有形成现实社会的巨大力量，同时，“网络社会”中也不存在十分明确的政治、经济和文化结构。

其次，“网络社会”中人们行为的动机受到不良的经济利益的驱动。由于一些个体和组织在网络行为中受到不良的经济利益的驱动，因此，网络失范行为时有发生，使网络中刚刚建立的诚信体系又遭到破坏。侵犯知识产权、盗用个人的数据信息、电子商务中的欺诈行为，以及不健康信息的发布等，究其根源在于不良经济利益的驱动，人们在“利”面前丢掉了“义”，造成网络伦理困境的发生。

最后，“网络社会”与现实社会规范脱节。现实社会的有序发展一方面源于法律的维持，另一方面还在于道德的进步。伦理道德规范作为人们行为约束的准则，依靠人们的内心信念发挥着作用。然而，“网络社会”中的规范是不健全的，并且“网络社会”与现实社会的道德规范脱节现象十分严重。

例如，在现实社会中，如果一个人对另一个人进行人身攻击、诽谤和侮辱，那么，这个人就可以拿起法律的武器来维护自己的权益。与此同时，社会舆论也会形成强有力的攻势，通过道德法庭对那个人的行为开展批判。就行为者自身来讲，他也会依照社会的伦理道德标准，通过内在的自律有效地约束自己的行为。但是在“网络社会”中，情况就不同。因为网络本身的虚拟性，一般地说，人们也很难知道“数字代号”后面行为者的真实身份，网络行为者本人也会以虚拟的身份出现，并有时肆无忌惮地违背现实社会中的伦理道德标准，乃至法律，实施犯罪行为。当前，已经发生多起的由“网恋”引发的，导致婚姻家庭剧变和艾滋病的传播事件，都可以说明现实社会规范对虚拟环境的影响呈现的是弱化的趋势。“网络社会”与现实社会规范脱节导致严重的现实社会问题。

二、网络伦理困境的观念性追问

从思想根源上分析，网络伦理困境的根源与网络技术伦理困境的根源是同一的。

网络技术伦理困境的根源主要依赖于网络技术的特性。网络技术是无道德意识的，是受人的能力和目的支配发展的改造世界的物质手段，人类纵使有无穷的智慧，也无法将道德委派给无意识和无思想的机器。网络技术自身具有的快捷性和虚拟性，网络技术采用的离散结构，网络技术的松散性和开放性，都将为网络技术引发伦理问题提供可能和土壤，提供繁殖个人主义的温床。“网络的互动性导致了道德发展的干扰性，网络商业的介入导致了网络道德的功利性，使道德失范现象时有发生。”[①]这是网络伦理问题产生的客观原因。此外，网络技术产生的主体根源则是网络技术的实践者本人的道德观念及道德人格。

思想的产生源于实践，同时，已经形成的思想又指导实践。道德的相对主义困扰网络主体。

因为网络无中心与非中心、主要与非主要之分，它是多元的，而不是一元的，这就为道德相对主义找到佐证。个体在无边无际的网络中，显得微不足道，这不仅滋生了人们行为的随意性，且现实社会中的伦理意识也会随着网际漫游而逐渐淡化。加之，人们对网络道德规范的认同存在很大分歧，这样在网络中没有真正的道德标准，也没有正确的道德认识，人们不能区分什么行为是道德的，什么行为是非道德的。

道德相对主义属于道德意识范畴，它否认道德的普遍性，将个人视为自己道德的唯一判断者。“你想如何干就如何干”，“只要你自己肯定的，什么都是可以的”，是道德相对主义奉行的基本原则。[②] 受道德相对主义的影响，网络技术主体对社会道德和他人高尚的道德品质持有一种怀疑的态度，对现实社会的伦理道德规范在“电子空间”的效用产生怀疑。似乎一旦人进入到虚拟的环境中，真实身份的隐匿必然会引起现实社会道德约束的疲软，网络技术主体可以不受伦理道德的约束为所欲为。一些人在实践网络信息技术的同时也在思想观念上带有疑虑。“由于网络的种种特点，类似于传统社会中的道德他律的种种‘外力’在一定程度上失去了作用，网络社会形成了一个相对自由的‘自由时空’。”[③] 在自由空间中，个体行为是不受道德约束的。

事实上，网络技术创造的“网络社会”中的个体，同样没有超越与人类现实生活的联系，社会公德的基本要求在网络时空中同样具有约束

---

① 陈万求．网络伦理难题和网络道德建设．自然辩证法研究，2002，(4)：43-44.
② 张震．网络时代伦理．成都：四川人民出版社，2002：152.
③ 余涌．中国应用伦理学．北京：中央编译出版社，2002：300-301.

力。不过人类应该针对“网络社会”的新问题需要建构新的伦理道德要求约束技术主体的行为，使这种约束更有针对性及有效性。在这样的认识基点上，网络技术主体才能摆脱道德相对主义的困扰，提升个体的道德人格和道德水准。

与此同时，个人主义导致网络主体在行为上的无政府主义。

在网络中，所有的人都是自己的领导和管理者，所有的人都是网络的一部分，没有一个最终的管理者，因此，网络是一个真正自由的场所，一个彻底“民主”的地方。任何人都可以按照自己的思维和逻辑做任何事，说任何话，是绝对的自由和民主，无政府主义在这里找到了自己的场所。网络技术创造的环境是无政府主义的“天堂”。一些网络技术主体在个人主义思想引导下，在行为上表现出无政府主义。前述已经提到国外学者将网络技术引发的伦理问题简要概括为“7P”问题，这些问题的产生主要根源在于网络技术主体的个人主义思想以及由这种思想产生的自由主义和无政府主义行为。

的确，网络技术为个人的自由提供了工具和手段，个人在网络空间中可以按照自己的意志选取信息，可以凭借自己的冲动宣泄情绪及缓解心理压力，也可以不经他人允许获得和使用他人的软件和采集数据，等等。人的大部分活动授予了机器和工具，而机器和工具成了人体和器官的延伸。由此，人们陷入认识上的误区，似乎工具是可以不受道德约束的，是绝对自由的，从而忽视了人的主体作用，淡化了主体人对技术的操纵和控制能力，也就在客观上造成对技术主体的道德制约的弱化。个人与社会、公与私、真与假、工具理性与价值理性、自由与纪律等诸多矛盾，随着网络技术的发展将变得越来越复杂和难以应对。如果人类不能够意识到对网络问题的解决归因于对技术主体思想的净化和行为的制约，那么，网络技术作用的范围越广泛，无政府主义行为则越普遍和泛滥。

三、网络伦理困境的制度性追问

网络技术不仅是人们传递信息和交流思想的工具，更重要的，网络技术是一种新的社会力量和新生产力。网络技术发展过程中带来和产生的网络问题需要人们正确面对，同时，网络技术又具有不可阻挡的力量。网络技术引发的伦理和法律问题在某种程度上影响网络技术的发展和使用，对某些技术应用中问题的争议，也会使人们在某种程度上，在某些方面应用网络技术时产生抵触，例如，网上购物时，人们会有上当受骗的担心和疑虑。在这种心理影响下，会滞碍“电子商店”（cyber store）的发展和普及，这是客观现实。再比如，由于当前对软件知识产权保护的呼声高涨，国家和社会又没有明确的法律制度保障和说明，哪些是网络技术主体可以做的，哪些是不可以做的，做了会受到怎样的处罚等。制度建设的滞后，也会造成网络技术应用主体畏首畏尾，即便是使用了网络技术，心里不免也由于对制度的不明确和对规范的不了解而多了一丝忐忑不安。

为促进互联网技术的健康发展，加强立法，用法律来维护网络空间的秩序和保护网上群体和个人的利益，不失为一种必要的选择。但我国在法律的制定和实施过程中还存在一些需完善的地方，使得法律的效力并没有得到充分的发挥。为了充分发挥法律控制的作用，有必要对互联网法律制度存在的问题作全面的探讨。笔者认为，我国互联网的法律制度还存在以下几个问题。

（1）互联网制度建设具有明显的滞后性。正如斯皮内洛所说的“法律制度在本质上是反应性的。法律和法规很少能预见问题或可能的不平等，而且对已经出现的问题做出反应，通常反应的方式又是极其缓慢的”①。我国的互联网技术诞生于1987年，而我国第一部关于互联网安全的法规《中华人民共和国计算机信息系统安全保护条例》是1994年制定的。2002年9月，国务院颁布的第363号令《互联网上网服务营业场所管理条例》是一部关于上网服务提供者和上网消费者的行政法规。这部法规颁布时，在网吧之类的上网服务营业场所发生的危害互联网安全的

① 理查德·A. 斯皮内洛. 世纪道德——信息技术的伦理方面. 刘钢译. 北京：中央编译出版社，1992：22.

事件已经造成了极大的破坏。

制度建设滞后是网络技术发展的“瓶颈”。没有规矩，不成方圆。伦理道德、法律法规、纪律规章等，都是有效规范网络技术主体行为的手段。当前，在世界范围内，对于网络上音像制品的制作、使用、传播已经有了国际公约，我国国务院制定的行政法规《信息网络传播权保护条例》已于2006年7月1日开始正式施行。如果人类在网络技术作用的领域及涉猎的范围内都能建构起有效的约束，那么，未来网络技术的社会效益将令人目眩。

（2）互联网法律制度的内容不完善。这主要表现在被禁止的违法行为不全。2003年，中国互联网协会在北京梅地亚中心召开了“垃圾邮件情况通报会”。数据显示，2002年12月，我国网民每周收到的正常电子邮件数是7.7封，垃圾邮件数是8.3封，而半年后的2003年7月份正常电子邮件数是7.2封，垃圾邮件数是8.9封。垃圾邮件已经占用了大量网络空间，影响了互联网正常运行，但现在还没有对垃圾邮件发送者进行处罚的法律规定。另外，在规定法律责任时，刑事责任不明确、不具体。到目前为止，我国制定的一部互联网法律和六部互联网行政法规，除了对经济处罚有详细、明确的规定外，没有明确规定刑事责任，在刑事责任上大都是“依照有关法律、行政法规的规定予以处罚”。

（3）执法不到位的现象严重。2002年9月国务院颁布的《互联网上网服务营业场所管理条例》第12条规定：“互联网上网服务营业场所每日营业时间限于8时到24时。”这部行政法规从颁布到现在已经历10年，但互联网上网服务营业场所24小时营业的惯例并没有被打破，执法部门的执法不到位使得法律法规成了一纸空文。

（4）打击力度不够。我国每一部互联网法律法规都有法律责任的规定，但总的来说是以罚款为主，以刑事处罚为辅。《中华人民共和国计算机信息系统安全保护条例》第23条规定：故意输入计算机病毒以及其他有害数据危害计算机信息系统安全的，由公安机关处以警告或者对个人处以15 000元以下的罚款、对单位处以5000元以下的罚款；有违法所得的，除予以没收外，可以处以违法所得1～3倍的罚款；我国《刑法》第

286 规定：故意制作、传播计算机病毒后果严重的，处 5 年以下有期徒刑或拘役，后果特别严重的，处 5 年以上有期徒刑。这种经济或刑事处罚很难起到彻底打击的效果。

（5）在保障互联网系统运行安全方面重视不够。我国已经制定了专门的保障信息安全的法规，如《互联网信息服务管理办法》就是一部保障互联网信息安全的专门法规。但在保障互联网系统运行安全方面没有专门的法律法规，目前只有公安部制定的部门规章《计算机病毒防治管理办法》。事实上，破坏互联网运行安全的行为已经对我国造成了巨大的经济损失和精神负担，应该将保障互联网运行安全的规章上升到法律的高度，增强它的效力。

分析网络伦理困境及其产生的原因，目的是找到当前网络这个虚拟世界伦理道德建设的薄弱环节，从而有针对性地建构网络伦理规约的理论和社会协同体系，有的放矢地消解网络世界出现的各种问题。

第五章
网络伦理规约的理论释义

伦理规约作为对人们行为进行约束的准绳，在人们的现实行为选择中具有十分重要的作用和不容低估的意义。网络伦理规约与现实伦理规约具有不同的特点，这是由网络的生态环境的特殊性决定的。当然，在某种意义上也可以说，网络伦理规约的建设与现实伦理还存在着脱节现象。由此，在客观上导致了网络伦理建设的滞后性，并使之对网络主体行为的约束出现“漏洞”，似乎在网络空间遨游的个体可以不受现实道德的制约；似乎在网络空间中的组织可以将现实道德要求忽略不计，为了经济利益可以不择手段；似乎一些民族国家，仰仗着自己的民族特点和传统心理，就可以为本民族、国家的文化殖民活动找到顺理成章的借口。网络的不道德行为，在网络伦理规约不健全的前提下，都可以找到堂而皇之的理由。其实，事实并非如此，规范网络行为，加强道德规约建设，建立网络社会与现实社会融合的、具有跨民族、跨地域及文化特点的、普适意义的伦理规约势在必行。

第一节 网络伦理规约的理论基础

网络伦理规约的理论基础是责任伦理学。责任伦理学渊源于康德的义务论思想。责任与义务在某种意义上是相通的。义务是人之为人的规定。

一、责任伦理：网络伦理规约建构的理论基础

德国著名技术哲学家汉斯·林克指出：今天的世界产生许多关涉技术进步的伦理问题，人类对技术的恐惧及对发展困境的忧虑使得人类关注行为的动机及后果，关注人类的生活方式，关注人类对未来的责任。[①]面对网络技术的挑战，人类必须增强自己的责任意识。

康德的义务论在伦理学理论中也称为规则非结果论，它的道德理论基础不是行为的结果，而是某种道德义务。例如，判定人的行为时只看是否履行道德义务，不看其结果；判定人时，只看其品质、动机，不论其做事的效果。

康德认为，作为道德的基础的理性，是善良意志。善良意志是理性的表现，是道德行为的来源，又是道德行为评价的依据。善良意志就是对道德规律的尊重，或者说是一种义务感，也可以说是按绝对命令办事。康德认为，从善良意志出发的行为，才是唯一道德的行为。一个人好的意志之所以好，不是因为他工作有成就，不是因为他意欲达到某个预期的目的，乃是因为意志的作用，就是说，好意志本身就是好。这是康德道德评价的标准。康德讲善良意志、强调把义务感作为道德评价的标准有其合理的一面。

此外，康德还提出了关于先验的、普遍的、绝对的道德规律的内容。简言之，就是“绝对命令”。康德的“绝对命令”有三个公式。

---

① Lenk H. Progress，value，and responsibility. SPT：1997，2（3-4）：102-120.

第一个公式讲了道德规律的普遍有效性，即外部规定性。就是说，无论做什么事情你的行为所遵循的原则必须具有普遍的意义。换言之，某条行为准则不管其内容如何，必须有超时间、空间和个人经验的普遍适用性。它能够为每个人所接受，所实行，即普遍有效，人人能行。只有如此才能成为客观的、真正的道德律令。例如，说谎和自杀之所以不道德，是因为它们不能成为社会人人遵守的普遍规则。如果人人都说谎，社会就不存在信任和遵守信约了；人人都因为痛苦而去自杀，人类社会就无法存在下去。

关于第二个公式，康德说："你须要这样行为，做到无论是你自己或别的什么人，你始终把人当目的，总不把他只当作工具。"① 这个公式提出了道德规律的内部规定性，即把道德的主体——人作为行为的最高目的的思想，这是"绝对命令"真正的思想精华之所在。把人作为目的而不是看做手段或工具，体现了人的价值之所在。

第三个公式，讲意志自律，即道德规律是自觉、自订、自守，也就是说，法由己出。自己为自己制定准则，而不是别人强加的。正源于此，所以才必须遵守它，服从它，意志自律的根源在于意志的本性是自由的。"自由"是康德伦理思想的最高范畴。"自由这个概念是解释意志自律的关键。"②

康德的义务论强调道德真理具有普遍性，道德评价的标准是人的义务感，是善良意志，人应该为义务而尽义务，而遵守道德律令就是尽义务。康德提出了人是目的的思想。他认为人不仅是有理性的存在，而且是当做目的而存在。他否认人有先天的等级差别，肯定人作为目的具有绝对价值，充分体现了人的价值之所在。

当代对康德义务论思想进行深入阐释和发展的是汉斯·乔纳斯。汉斯·乔纳斯称自己的伦理学为责任伦理学。责任伦理意味着一个行为的伦理价值首先在于行为的后果，行动者必须对其行为的后果承担责任，

---

① 康德．道德形而上学探本．北京：商务印书馆，1957：43.

② 马克思，恩格斯．马克思恩格斯全集．北京：人民出版社，1974：213.

并以后果的善补偿或抵消为达成此后果所使用的手段的不善或可能产生的副作用。[①] 汉斯·乔纳斯的责任伦理学不仅关注行为的动机，而且注重行为的后果，为消解网络伦理困境、有效制定伦理规约奠定了坚实的理论基础。

网络技术正价值的发生不是自然产生的，它需要网络主体带有目的性的行为选择加以实现和确保。以计算机并非道德实体为例可以看出，计算机不可能为发生的一切，对客户及网站自身利益的损害负任何道德责任，这里要追究责任必须考虑对技术主体责任的惩戒。而规范计算机主体责任就必须以主体认知和共识的伦理规约来实现，同时要培养和增强网络主体的责任感。正是因为主体责任感的增强和对技术价值的社会属性的深刻探究，技术主体才能形成责任的绝对命令，“你的行为必须使行为后果考虑到要承担起对地球上真正的人的生命持续的义务”[②]。可见，今天的人类应该确立一种责任意识，即通过自己的驾驭进行自愿的责任限制。[③]

二、美德论：网络主体应该具备的内在品质

美德论是伦理学发展史中关于人们优良的道德行为和道德品质方面的概括总结。不同时代的不同伦理学家对此有不同的论述。

在中国，殷、周时代产生了“忠”、“孝”，以及“敬天”、“保民”等品德要求。春秋战国时代，著名思想家孔子强调“仁”，并把它作为道德品质的根本，提出“爱人、行善、慎独”的思想品行要求，并提出“智、仁、勇”三大德及“恭、宽、信、敏、慧”等具体德目。孟子则进一步发展孔子的思想，提出了“仁、义、礼、智”四德。

在西方伦理学研究传统中，以亚里士多德为代表的传统伦理学以美

① 朱贻庭．伦理学大辞典．上海：上海辞书出版社，2002：141.

② Jonas H. The Imperative of Responsibility：in Search of an Ethics for the Technological Age. Chicago：University of Chicago Press，1984.

③ Jonas H. The Imperative of Responsibility ：in Search of an Ethics for the Technological Age. Chicago：University of Chicago Press，1984.

德论为中心形成了德性伦理学传统。美德论着眼于履行行为、具有行为动机的道德主体的道德品质和道德人格，它突出要解决道德主体在实践中如何确定道德动机及选择道德行为，并通过道德行为展示道德主体的人格魅力，解决道德主体应该成为什么性质的人的关键问题。①

在西方，古希腊的赫拉克利特提出“守法、律己和节制情欲”的品德要求。苏格拉底和柏拉图提出“克己、勇敢、正直、虔诚、聪明、节制”，并系统论证了以“智慧、勇敢、节制和公正”为内容的“古希腊四大美德”。亚里士多德对这四种基本美德作了更为具体的分析和引申，提出了许多具体的品德范畴，并强调指出“中道”即为美德的思想。

“德行就是一个人在社会中要履行的品质，通过德行，个人可以达到与社会的和谐。”② 美德的要求在“网络社会”中具有十分重要意义。它要求网络主体以严格的自律约束自己的行为，明确哪些品质是美德，哪些品质是恶德。一个有道德的人应该选择什么行为，如何通过外在的伦理规约在人们的头脑中预设出伦理道德的标准，传统的美德论思想具有重要的现实指导意义。

在网络主体美德品质的要求中，最突出的是诚信。诚实守信与人的品格和德行具有内在关联性。“诚者，天之道也；思诚者，人之道也。”意思是说，诚实是自然规律，追求诚是做人的道理。

诚实就是忠诚、老实，不讲假话。诚实又是真实、不欺，既不欺骗别人，也不自欺。诚实要求一个人真实地反映客观事实，真实地表达自己内心的思想、情感，诚实是人之谓人的规定。它要求一个人要活出一个“真”字。

当前，做人诚实受到双重挑战。一是“双重人格”的挑战与困惑：有些人可能做某件事诚实，而做另一件事是不诚实的；当面诚实而背后不诚实；在群众面前诚实而领导面前不诚实；对家里人诚实而对外边的人不诚实，等等。从人格上表现为“双重人格”。二是“虚拟人格”的挑

---

① 赵迎欢．高技术伦理学．沈阳：东北大学出版社，2005：26.

② 高国希．走出伦理困境——麦金太尔道德哲学与马克思主义伦理学研究．上海：上海社会科学院出版社，1996：1.

战与困惑："虚拟人格"自然涉及网络，在现实生活中是一种表现，而在网络生活中，在人—机对话的情况下，是另一种表现。网络的隐匿性，遮掩了人们的本来面目，使不诚实的行为时有发生，如电子商务中的网上欺诈行为。有些人在网络中的做事方式与现实中表现出明显的不同。

这两种"人格"的挑战与困惑，事实上会促使人们对诚信和做人的诚实产生忧虑，当然，也会对人们的美德期待产生影响。诚实是互信的基础，互信是交往实现的保障。诚实守信既是传统美德，也是今天公民道德的重点。

三、公益论：网络主体行为选择的主导

公益论来自对公正的追求，其实质是如何使社会利益分配更合理，更符合大多数人的利益。公益论的理论着眼于公众利益和社会利益的公正分配，即行为的结果应符合社会大多数人的利益。公益论的思想来自公正。公正要求公平、合理地对待每一个社会成员，即要求行为的结果或行为应该达到的目的，能使社会利益分配得更合理，更符合大多数人的利益。这就与义务论观念有了极大的不同。它对结果和利益的关注，使其具有了一定的功利主义性质，其思想渊源可追溯至边沁（Bentham）和密尔（Mill）的功利主义以及近代西方哲学的价值论思想。他们强调行为的结果，强调以行为的结果是否有利以及对人类的价值作为道德评价的标准。

公益论的伦理观要求把社会利益尽可能公平、合理地分配给每一个社会成员，使每个社会成员都能享受到相应的一份利益。因此，在网络伦理规约和法律的建设过程中，都应该考虑将公益论的思想作为网络主体行为选择的主导，使网络资源能够公平地为多数人普遍使用和利用，而不是个别技术者的垄断。

网络社会形成的是一个相对自由的"自由时空"。网络中的一些行为在没有控制中心的情况下难于控制。例如，在网络上对用户调阅、接受或发布、传播文字、声音或图像信息，包括禁止的黄色信息之类，不容易加以控制。如果建立有效的规范，使人们在网络中的行为标准化、规

范化，那么，秩序就会确立起来。网民必须遵守信息高速公路进行联系、交往的具体规则。这些规则首先是一些技术性规则，如文件传输协议、互联协议等，这是人们得以联网的基本前提；其次，是人们在联网的计算机之间进行交往的一些基本的“乡规民约”，如电子函件使用的语言格式、在线交谈应有的礼仪等。[①] 而规则的确立必须内在地富含伦理的理论基础，从个体的角度看，需要网络主体培养高尚的道德品质，养成义务感；从群体的角度分析，需要正确处理各种利益关系，培养责任感和宽广的思维，既要认识群体行为的社会意义，又要清楚规约的效力，使内在与外在结合统一，升华和展示理论的价值和意义。

第二节　网络伦理规约调整的伦理关系

网络伦理规约调整的伦理关系不同于现实社会的一般伦理关系，它既有现实社会伦理关系的一般特点，还具有特殊性。

现实社会的伦理规约主要调节人与人、人与自然和人与社会的关系。网络伦理调整的伦理关系，则突出如下三个方面。

一、“网络社会”中人与人的关系

网络道德关系从客观的角度分析，应该包括网络社会中人与人的关系，当然，从微观的视野分析，在“网络社会”的人与人关系中还应该包括网民与网民的关系、网民与网络管理者的关系。

谈到某种关系事实上应该包括责任和义务，这是伦理学的范畴。网络中的网民对网民同样应该承担必要的责任和履行相应的义务。网络资源的享用对于每个网民而言都是公平的，不应该出现一些网民为了个人利益而破坏信息资源的情况。与此同时，网民之间也理应相互尊重，不

① 林阳，祝智庭．中国网络信息安全教育研究．http：//www. chinaonlineedu. com/info/news_special. asp? id=2727. 2006-08-22.

可以以自己的技术肆意侵害他人的利益，盗取他人的技术秘密和私人信息。在网民之间处理关系的过程中，不应该割裂网络道德与现实社会道德的必然联系，应使现实社会的伦理规范应用在网络社会中，对网民同样发生必要的作用。当然，还要根据“网络社会”的特殊性，制定普适性伦理规约。

网民与网络管理者之间是管理与被管理的关系。一方面，要求网络管理者按照规范进行管理；另一方面，还应该要求网民自觉遵守规范，进行道德自律。与此同时，网民与网络管理者之间还要分清责任，尽管有时很难分得清。如前所述，当一个人通过某个 ISP 或 BBS 传播了侵权或违法的信息，那么 ISP 业者或 BBS 站长应承担什么样的责任？[①] 个人又应该承担什么责任？尽管在法律上没有明确规定的责任界限，但在道德的领域中可以通过道德责任感避免责任的混淆和问题的产生。道德相对于法律具有自觉性的特点。如果网民以自己的道德自律停止这样的侵害行为发生，可以避免网民与网络管理者之间的冲突，同时也可以协调网民与网络管理者的关系，并创建和谐的网络生态环境。

二、“网络社会”中人与网络技术的关系

在人与网络技术的关系中，包括网民与网络技术的关系、网络管理者与网络技术的关系及网络技术人员与网络技术的关系。

人与技术的关系始终是技术哲学研究的主要问题之一。正如人文主义技术哲学的代表海德格尔所认为的，技术是一种真理或展现，特别是现代技术是一种展现。技术的根源是客观化和对象化，其本质是以对象化的方式展现世界。技术不仅是手段，而且是解蔽（entbergen）方式的一种。“技术不仅是手段，技术是一种解蔽方式……解蔽之领域，亦即真理之领域。”[②] 海德格尔认为，技术的工具性规定并没有向我们显示出技术的本质，它不过是被看做技术的基本特征而已，要寻求技术的内在本

① 张文杰，姜素兰．网络发展带来的伦理道德问题——网络技术．http：//www.kaidianle.com/article/list2841.html．2006-07-01．

② 孙周兴．海德格尔选集——技术的追问．上海：上海三联书店，1996：931．

质规定性，必须到解蔽那里去寻找，解蔽即追求真理的过程，解蔽即是一种展现，是真理的展现。技术不仅是表象和直观，它既是一种认识，又是一种实践。技术既不是技术的东西，也不是达到某种目的的手段，而是一种“解蔽”的方式。

网络技术的本质也是人对世界的解蔽方式。人与网络技术的关系也始终是人利用自己的智慧，开启网络之门的实践过程。这里既包括网民在使用网络技术时对技术应用正价值的确保，又包括网络管理者为维护网络技术效用所作的努力，与此同时，对网络技术的研究者而言，开发网络技术，确保技术安全，是网络技术专家的基本素质。网络技术正价值的发生既有技术自身的内在因素，更主要的还在于技术应用过程中的人为因素。相对于网络技术而言，网民、网络管理者及网络技术研究者都是技术主体，“决定的因素在人，而不是物”。因此，网络社会中人与网络技术的关系的直接社会意义是其关系到网络正价值的发生。

三、“网络社会”中的“虚拟人”与现实人和现实社会的关系

人与现实社会的关系还应该包括网民与社会的关系、网络管理者与社会的关系及网络技术人员与社会的关系。

网络社会中的“虚拟人”与现实人尽管有时表现为不同的人格特征，但“虚拟人”的行为对现实社会的影响依然不容忽视。例如，网络中的言论对现实社会的影响，网络中的虚拟行为对现实人的影响，产生的问题很多很多。又例如，人们在网络中使用的语言，在实际生活中会造成误解和混乱。一些字母符号替代了人们实际生活中思想的表达，容易引起人们的猜测。例如，我今天遇到一个 GG（哥哥），带着一条 XG（小狗），等等。网络语言的使用也容易在人际交往中产生混乱。

以网络为手段进行的许多活动的结果都需要在现实社会中实现。如网上购物、电子数据账目结算等都要现金支付；人们对政府行为的监督反馈都希望能取得现实的效果，以利于维护政府的形象和方针政策的贯彻执行；网络学术争论有助于现实社会的改变；远程教育等需要通过考试等多种方式进行效果评价。所有这些思想和行为，都使网络伦理和现

实伦理紧密地连接在一起。这不仅是网络现行性的需要，也是网络虚拟性的要求。网络虚拟性行为，仅局限在网络，一旦离开网络回到现实世界，就必须进行思想和行为的现实转换。有许多人简单地把网络世界与现实世界画等号，结果被犯罪分子或不道德的人所利用，出现骗钱、骗色甚至出现生命、财产受到侵害的严重后果。如虚拟世界的网友却变成现实世界的劫匪或恶棍，虚拟世界的网恋情人却变成现实世界的色魔，这些情形时有发生。还有些人沉溺于虚拟世界的婚姻、家庭，而忘却了现实婚姻、家庭的责任与义务，导致家庭破裂的悲剧。更有甚者沉溺于虚拟世界的公司、财产而不能自拔。

虚拟生活、网络交往与真实的生活有千丝万缕的联系，网络伦理首先应该是一种能够融合虚实两界的价值判断体系。信息既是流动于网络空间中的资源，也是连接网络内外的关键环节。当网络空间与现实空间发生相互作用时，衍生的各种伦理问题都与信息的产生、占有、传播和使用权利的行使有关，我们将这些权利称为信息权利。信息权利是连接虚实两界的伦理纽带。①

四、网络伦理与现实伦理的差异

网络伦理的建构实际上就是解决虚拟社会与现实社会伦理如何调适、转换和兼容的问题，关键就在于寻找两者之间的契合点。② 网络伦理，是指人们在网络空间中的行为应遵守的道德准则和规范。它是应电子空间的要求而产生的，虽然与现实社会伦理有着不可割断的联系，但是由于受网络技术所创设的网络社会特质所决定，网络伦理并不同于现实伦理。

首先，网络伦理具有鲜明的自律性。传统社会局限于物理空间的限制，主要的交往依赖于熟人（朋友、亲戚、邻里、同行、同事等）的监督，传统道德得到较好的实施，具体表现在，人们的道德意识较为强烈，道德行为较为严谨。而在因特网为基础的虚拟社会里，更多是非熟人社

① 刘大椿，张星昭．网络伦理的若干视点．http://www.frchina.net/data/detail.php?id=9553. 2006-07-01.

② 李伦．鼠标下的德性．南昌：江西人民出版社，2002：70.

会，人们以符号的形式进行虚拟社会的交往，传统道德的他律手段失去了约束力量。因此，在网络环境下，要求人们的行为具有更高的自律性。网络作为一种新生型的生存环境，在市场经济的条件下个体对网络信息的消费，目的之一是完成利益最大化，而这种利益最大化又是依靠个体之间的相互节制和自律来完成的。于是，个体在实现自身利益和满足需要的过程中，无论主观还是客观上都会不断自觉地调控自己的行为，并根据外部和他人的评价、要求来规约自己的行为和心理，因此网络伦理的自律性也在强化着个体的道德的认同和行为的显示。

其次，网络伦理需要更严格的诚信。诚实信用是市场经济中的伦理道德原则的契约体现，并对现实社会中人们的各种交往秩序均有调节作用。在网络社会中，个体间的信息消费关系更要以严格的诚信原则作保障，因为网络生活不仅以独特的形式吸引培育着自身所需要的网络主体，也在造就它所需要的规范和原则，没有更加严格的诚信原则进行调整，各类电子交往就很难有效进行。基于满足人们需求的考虑，确保信息的消费过程安全优质高效的运行，严格的诚信信念在网络伦理的构建中，应通过具体的措施渗透于每个网络个体的思想意识中。

最后，网络伦理呈现明显的多元化。在非现实的电子空间，既有维护网络社会正常运行的伦理规范，也存在着个体自身所具有的伦理规范，消费个体无须改变其原有的意识、观念和行为就可以在网络中进行信息资源的享有与交换；同时，消费个体也可因共同的爱好和需求而联网，又可因利益的不同而进行信息的交流、交换。因此，在虚拟社会中，网络个体因追逐不同的利益而使其行为各异，导致网络伦理呈现多元化。多元化的网络伦理在网际间没有达成网络伦理共识之前，彼此之间存在冲突甚至碰撞是在所难免的。

第三节　网络伦理规约的普适性

针对前面对网络伦理困境及根源的认识和分析，网络伦理规约与现实社会道德之间的一个突出特点在于网络伦理规约具有普适性特点。

一、网络技术决定的普适

由于“网络社会”超越时空限制，以网络技术手段为依托，将不同国家和地区的个体和组织连接成一体，组成了一个全球性的“地球村”。因此，在这样的新环境中，现实社会伦理规约由于作为意识形态的上层建筑加以展现，因而，其阶级性是十分鲜明的。不同国家和不同文化背景的民族之间、团体之间和个人之间的伦理道德标准存在明显的差异。在“网络社会”中，伦理规约将伴随着网络的超时空性，表现出明显的普适性。不管是什么文化背景和何种不同价值观的人，进入网络中，就应该按照统一的标准和行为准则来选择行为，真正实现“网络人”应有的一种道德精神和崇高境界。

尽管网络主体具有现实社会中多元价值观的表现，并呈现出交往无序的特点，但是，我们不能根据个体的价值标准来判定是非善恶。如果完全以个体为标准进行道德判断，势必在思想和行为上导致道德的相对主义。因此，“我把以符号为媒介的相互作用理解为交往运动。相互作用是按照遵守的规范进行的，而必须遵守的规范规定着相互的行为期待，并且必须得到至少两个行动的主体的理解和承认。社会规范是通过制裁强加的，它的意义在日常语言的交往中得到体现”①。

网络伦理规约也必须得到主体的认同。这种规约将超越现实社会中人们价值观的异质而带有普适性，否则，网络伦理规约的效力就不可能发生。

然而在网络社会中，既存在关涉社会每一个成员的切身利益和网络社会的正常秩序、属于网络社会共同性的主导道德规范，如不应该制作和传送不健康的信息，不应该利用电子邮件做商业广告，禁止非法闯入加密系统，等等；也存在各网络成员自身所特具的多元化道德规范，如各个国家、民族、地区的独特道德风俗习惯等。

① 哈贝马斯．作为“意识形态”的技术与科学．上海：学林出版社，1999：49.

此外，由网络技术所产生的大量信息，其本身具有普遍性和共享性。信息的这一特点也将决定网络伦理的普适性。信息的无国界传播现象，或越境数据流的出现，更是增强了信息的普遍性和共享性。信息在不同文化背景的国与国之间的传播，势必引起不同文化的碰撞，其中就包括不同伦理的碰撞。生长于不同文化背景中的伦理往往具有不同的性质，即具有文化上的异质性，但若局限于或束缚于伦理的异质性，则显然不利于信息的无国界传播。信息的无国界传播，要求有相同性伦理的支持。信息是世界各国公认的普遍价值，信息资源是世界共同资源。因而，与信息的普遍性和共享性相适应的信息伦理，必然会包含某些普遍伦理或全球伦理的成分。在信息伦理的基本原则上达成全球共识，求同存异，有利于信息的无国界传播，有利于信息的全球共享。

二、网络伦理规约构建原则决定的普适

网络伦理原则是人们基于网络应用技术的伦理关系的集中体现，它反映了人们对网络社会道德关系的基本认识和信念。从这个意义上讲，网络伦理原则也可以说是人类网络道德关系的理想，它为网络社会规划了符合人类道德需要的总的方向。①

网络伦理规约是网络伦理原则的具体体现。伦理规约作为社会的上层建筑，是一定社会经济基础和社会生活的反映，并随着生产生活方式的变化而变化。网络伦理规约是网络社会人以网络技术为媒介进行交流，从思想到行为应当遵循的道德规范。网络社会的主体的生存方式因数字化而表现出虚拟性、开放性、自主性、“非人性”等特征，这决定了其道德运行方式、道德评价方式、道德的功能机制等不会因民族和国度的不同而展现出特别的差异。目前，世界各国在网络伦理构建中所倡导的网络伦理规约的构建原则，如人本原则、无公害原则、因势利导原则、知情同意原则等普遍被世界各国所接受，这种现实也反映出网络伦理规约的普适性特征。

① 陶明报．科技伦理问题研究．北京：北京大学出版社，2005：154.

（1）以人为本的原则。以人为本，就是在构建网络伦理道德过程中坚持人性化的设计和管理，以现代人类中心主义为指导凸显人的地位和价值，既要强调“网民”个体的切身利益和现实需要，又要兼顾整个社会的共同利益和全人类长远利益。在虚拟的网络世界中，要想真正做到以人为本，使网络“双刃剑”效应朝着好的方向发展，防止网络不文明行为的发生，确实是一件很难的事。但无论怎样，网络行为主体都应具有高度的社会责任感，要有网络的“全球意识”和“生态意识”。因此，我们要坚持以人为本的理念，构建具有长效机制的网络伦理道德建设体系，使之更加和谐美观、可持续发展。

（2）因势利导的原则。特别强调因势利导这一原则，是由网络伦理道德的基本特征和道德主体的特殊性所决定的。首先，由于网络的虚拟性，使网络中人与人之间的关系凸显出间接性的特点。网络的隐匿性，使得网民可以隐藏真实身份，可以不承担任何义务和责任，可以不受传统的道德规范规约，使人产生精神麻木和道德冷漠，并失去实感和有效的道德判断能力。其次，作为网络道德主体的网民，绝大多数是涉世不深的青少年。据第十五次中国互联网络信息中心（CNNIC）调查结果显示，网民中18～24岁的年轻人所占比例最高，达到35.3%。他们表现欲强、想象力丰富、喜欢追求刺激、社交情感强烈。网络开放性、新奇性和交互性的特点，正好极大地满足了他们的这种心理需要。在没有正确引导的情况下，他们很容易误入歧途，堕入网络陷阱而不能自拔。网络中的道德确定性越来越难做到，大家也越来越难在基本社会价值上获得共识。这就使得主要依靠社会舆论来监督和规范个体道德行为的传统道德教育手段失效，网络伦理道德建设只能更多地依靠网民以“慎独”为特征的道德自律来实现。也就是说，现实社会中的道德规范在网络的虚拟社会中失去了约束力，而只有上升到道德习惯和道德信念层次上，才能更有效地规范个体的网络行为。这就要求我们在构建网络伦理道德体系时，应尽量唤起和激发网民内在的道德需要，因势利导地提高教育对象的自我教育意识。因势利导，关键在于“导”，激发网络主体的内在道德需求，引导他们在纷繁复杂的网络文化思潮中增强道德分析、辨别并择善而从的能力。

(3) 无公害原则。按照美国学者理查德·A. 斯皮内洛的说法，无公害原则就是“根据这条最基本的道德原则，人们应当尽可能地避免给他人造成不必要的伤害”[①]。无公害原则作为构建网络伦理道德的基本原则之一，是网络社会自身的客观要求。首先，无公害原则是网络社会的基本要求。网络社会的主要特征在于网络全面深入社会生活各个方面，理想的网络状态应该包括社会全体成员。任何一个网络用户和成员都能利用网络与其希望交往的人进行交往，这才是真正的网络社会时代。其次，网络技术为全民利益原则提供了可能性。计算机通信技术的发展日益考虑到社会全体成员的需要。就网络伦理问题来讲，网络不道德行为的最直接后果就是这些行为给其他网络主体造成了伤害。而且由于网络连接的广泛性和快捷性，这些行为的不利影响会非常迅速地使很多主体受到影响。最后，很多被指责实施了不道德行为的网络主体以自己行动动机“是无恶意的”为自己辩护。而无公害原则认为，无论动机如何，行为的结果是否有害，应该成为判别道德与不道德的基本标准。无公害原则要求网民对自己的权利和自由要有限制地享受。在人的自由与权力受到应有尊重的同时，绝不能过分地膨胀个体的权力与自由，甚至只讲权力和自由而不讲义务与责任。根据这一原则，即便有些行为的动机是“非恶意”的，但是只要其结果是有害的，这种行为依然是不道德的。黑客们尽管有自己的一些理由，但其行为仍然是不合道德的。所以，不论以什么理由来为自己的行为辩护，任何行为都应把结果的无公害性作为最主要的评价尺度。

(4) 知情同意原则。所谓“知情同意”，按照斯皮内洛的说法是，“‘知情’是某人对某事自愿表示出意见一致的意思。要使得同意有意义，前提必须是某人对某事‘知情’，即他知道即将发生的事件的准确信息并了解其后果”[②]。他认为，知情同意原则在评价与信息隐私相关的问题时

① 理查德·A. 斯皮内洛. 世纪道德——信息技术的伦理方面. 刘钢译. 北京：中央编译出版社，1999：53.

② 理查德·A. 斯皮内洛. 世纪道德——信息技术的伦理方面. 刘钢译. 北京：中央编译出版社，1999：55.

可以起很重要的作用。其实，网络知识产权的维护也适用知情同意原则。知情同意是网络主体的行为应该遵循的一条基本原则。所以，每一个社会成员的权利都应该受到尊重，都对将要发生的事情有知情权，对于即将发生的、与自己有直接或间接相关性的事情，更应该拥有知情权，这样才有可能建立起一个秩序井然、稳固的社会有机体。作为享受某种利益的一方，应主动为给自己提供利益和帮助的另一方以及整个网络共同体做些什么，实现自觉道德意识和行为的互动互利。知情同意原则既是网络行为主体必须遵循的原则，也是构建网络伦理道德建设必须遵循的原则。唯有如此，网络伦理道德的正义才能被发扬光大。

三、网络伦理规约内容决定的普适

网络伦理规约的建设是一个长期的系统工程，它需要全民参与和国际合作。“横跨全球，权力分散，表明网络具有超越国界的内在特性，需要在全世界范围内建立一些基本原则，以保证商业的发展和社会的兴旺，同时防止犯罪分子借逃离管辖国之机逃脱法律的制裁。而且还需要酿造一种诚实、公开、有责任心、视名誉为生命的文化。……对我们所有人来说，挑战在于如何在网上建立足够的健康社区，为公共空间设定良好的基本规范，以便大系统能自我组织、有效运行。”[①]

网络世界的开放性、全球性特点决定了网络伦理规约建构的内容必须具有普适性，能跨越不同民族、不同国家的阻隔，成为所有网络人共同遵循的行为准则。也只有这样，才能营造一个文明、和谐的网络社会环境。正如江泽民在第十六届世界计算机大会开幕式上讲话时所指出的：“因特网的迅速发展，对世界经济增长和各国人民加强交往具有重要作用。但必须看到，因特网上也存在一些令人不安的问题：反科学、伪科学、不健康的甚至十分有害的信息垃圾泛滥；有些人有目的地发布不符合事实的信息，误导人们对真实情况的认识；个人隐私、企业秘密难以

① 埃瑟·戴森．2.0版：数字化时代的生活设计．胡泳，范海燕译．海口：海南出版社，1998：21.

保全，黑客攻击甚至造成通信中断、网络瘫痪。为了促进因特网健康发展，我们主张制定国际因特网公约，共同加强信息安全管理，充分发挥因特网的积极作用。”① 可见，网络伦理建设是全球化问题和世界所有国家的责任。

伴随网络技术的发展和广泛应用，从20世纪90年代起，以美国为代表的一些国家的计算机伦理协会纷纷制定了切合实际的伦理道德规范。

（1）美国计算机协会1992年10月通过并采用的《伦理与职业行为准则》规定了“基本道德规则”有八条：①为社会和人类的美好生活做出贡献；②避免伤害其他人；③做到诚实可信；④恪守公正并在行为上无歧视；⑤尊重包括版权和专利在内的财产权；⑥对智力财产赋予必要的信用；⑦尊重其他人的隐私；⑧保守机密。

其“特殊的职业责任”有六条：①努力在职业工作的程序中，使产品实现最高的质量、最高的效益和高度的尊严；②获得和保持职业技能；③了解和尊重现有的与职业工作有关的法律；④接受和提出恰当的职业评价；⑤对计算机系统和它们包括可能引起的危机等方面做出综合的理解和彻底的评估；⑥重视合同、协议和指定的责任。②

（2）美国计算机伦理协会制定了“计算机伦理十戒”。具体内容包括：①不应当用计算机去伤害别人；②不应当干扰别人的计算机工作；③不应当偷窥别人的文件；④不应当用计算机偷盗；⑤不应当用计算机作伪证；⑥不应当使用或拷贝没有付过钱的软件；⑦不应当未经许可使用别人的计算机资源；⑧不应当盗用别人的智力成果；⑨应当考虑所编制的程序的社会后果；⑩应当用深思熟虑和审慎的态度使用计算机。③

（3）美国南加利福尼亚大学在网络伦理声明中明确谴责“六种网络不道德行为”：①有意地造成网络交通混乱或擅自闯入网络及其相连的系

① 江泽民．在第十六届世界计算机大会开幕式上讲话．光明日报，2000-08-22（1）．

② ACM Code of Ethics and Professional Conduct. Adopted by ACM Council 10/16/92. http：//www. acm. org/. 2004-04-26.

③ Conputer Ethics Institute. A project of the Brookings Institution, The Ten Commandments of Computer Ethics. http：//www. cpsr. org/. 2004-01-04.

统；②商业性地或欺骗性地利用大学计算机资源；③偷窃资料、设备或智力成果；④未经许可而接近他人的文件；⑤在公共用户场合做出引起混乱或造成破坏的行动；⑥伪造电子函件信息。①

1993 年，澳大利亚计算机协会也制定了《澳大利亚计算机协会职业伦理规范》（ACS Code）。② 这些要求虽然还只是一些行业组织的规约，没能完全上升到普适性高度，但也已成为网络技术应用中国际比较公认的伦理准则，同时也是从事计算机技术的行为主体的行为选择的伦理规范。借鉴国外网络技术伦理建构的经验，结合中国的特点，不难得出建构网络伦理规约的几点启示。

首先，要增强网络技术行为主体的责任意识。网络技术是一种新的生产力，它不仅为经济的发展带来可能性和巨大的效益，而且为人们的交往提供了内涵丰富的高层次交往方式。从社会学视角分析网络的发展将导致新的网络亚文化群体的产生。因此，增强这一新群体的责任意识成为当务之急。它不仅要求网络技术的科学家和专家具有社会责任意识，而且要求新的网络亚文化群体具有既尊重个体的自由和权利，也兼顾他人利益的一种崇高的伦理观念。只有如此，才能克服网络产生的个人主义和道德相对主义思想带给人们的负面影响。

其次，要倡导集体主义伦理理念。集体主义伦理理念是社会主义道德的基本原则，它不仅适应物理空间而且也适应电子空间。在网络技术应用的过程中，倡导集体主义伦理理念，能够确保网络技术实践主体在考虑个人利益的同时思考他人、集体和社会的利益。当个人利益与他人、集体、社会利益发生矛盾时，将社会利益放在第一位。它要求实践主体为保证国家和公众信息利益要求放弃对个人利益的无限制追求，克服个人利益至上的个人主义思想和行为。

最后，要健全网络规章制度。任何社会的健康发展既需要“软控制”手段，同时也需要“硬控制”手段。法律、法规就是社会发展的“硬控

---

① 严耕，陆俊，孙伟平．网络伦理．北京：北京出版社，1998：226．

② Australian Computer Society Code of Ethics. http://courses. cs. vt. edu/. 2004-02-26.

制”手段。严格规范网络技术应用主体的行为，同时主体的道德自律既需要也离不开法律、法规的约束。结合网络技术应用的特点，制定严密的法律法规体系，并坚决执行，必将对确保网络技术的可持续发展起到极为重要的作用。[①]

① 宋吉鑫．网络技术的伦理建构．东北大学学报（社会科学版），2003，(3)：165.

第六章 网络伦理的社会协同

网络伦理建设是一个复杂的系统工程，它不仅需要网络实践主体的道德自律，而且需要社会协同，使内在品质与外在环境之间有机融合，达到促进网络技术健康发展的目标。正如李伦所言："我们认为，为了使网络更加美好，建设有效的网络信任体系，不仅要依靠人们的道德良心和自律，还必须加强网络社会调控机制的建设。"①

第一节 网络伦理的制度协同

网络伦理要研究的关系主要是网络技术与人的关系及网络中人与人的关系。网络技术是网络伦理得以生成的重要前提，网络技术要想得到

---

① 李伦．鼠标下的德性．南昌：江西人民出版社，2002：157.

健康有序的发展并不断地为社会生产和人们的生活服务，就必须按照社会的要求建构网络技术，对网络技术应用过程中的问题加以清醒地认识和准确地把握，在促进网络技术发展的过程中，将社会伦理要求、文化价值观念及法律制度建设内设其中，建构行之有效的社会保障体系，形成网络技术发展的良好外部条件。

一、网络技术控制的要义

网络伦理的制度协同在某种意义上也是制度控制的要求。控制（control）具有支配、调节、抑制、管理的含义，本意上指人类对客观事物的运动过程和运动结果进行调解、引导和管理的行为过程。对技术进行有效控制实质上也是社会控制。一般地说，社会学中讲的社会控制也叫社会约制，是指社会组织体系运用社会规范以及与之相应的手段和方式，对社会个体、社会群体及社会组织的社会行为及价值观念进行指导和约束，对各类社会关系进行调解和制约的过程。

网络技术需要社会控制，这是网络技术在自身发展过程中的内在需要。仅以网上赌博为例，一些不法之徒利用网络技术形成赌博团伙，欺骗和愚弄群众，造成很多人倾家荡产，同时也引发社会犯罪和治安混乱。在当代西方发达国家，利用网络选举，在虚拟条件下的不真实和作假往往使社会民主罩上虚假的面纱，促成社会道德的滑坡和政治动荡的发生。

对网络技术进行控制旨在对网络技术主体的行为进行规约。网络技术主体不仅包括研制网络技术的专家和技术人员，而且包括使用和应用网络技术成果的个体、群体及社会组织。世间万物，人是最宝贵的也是最能动的。对网络技术进行控制，控制的客体不是物，而是具有能动行为选择、富有智慧和思想的人，当然，实现这种控制的主体也是人类自己。可见，人类自身既是网络技术控制的客体，也是主体。人如何对自己的行为进行约制，以什么样的价值观加以导向，制定怎样的法律有效规范，等等，无论在现在，还是在将来，都将具有非凡的意义。

二、制度安排是网络技术建构的主旨

控制也是一种管理，而管理需要寻找到最有效的途径和方式方法。现代管理理论已经清楚地告诉我们，管理绝不是单纯地对物的管理，而是对人的管理，并通过人实现对物、信息及环境的管理。科学管理实现的最佳手段不是人治，而是法治。

当前，对网络技术实施有效和科学的管理，理应将制度安排作为主旨。因为依靠制度的约制是最有效和最人性化的，它不带有个体的感情色彩和掺杂个人的恩怨，也不是后发而制，而是防患于未然。

首先，制度安排具有前置性。网络技术在研发和应用实践中，都应该使网络技术主体明确哪些可以做，哪些不可以做，以及为什么不可以做。要明确这些规定，一方面，需要确立伦理规范要求，使之明确自己的义务，如美国计算机伦理协会的伦理十戒；另一方面，还应该建立惩罚制度，使网络技术主体清楚，如果违反规定，将受到怎样的处罚。这些制度安排以其前置性特点，告诫人们在选择行为时应把握的准绳。

其次，制度安排具有过程性。对网络技术主体行为进行有效控制是一个过程，这在客观上讲也是技术过程性的体现。由此，要求在做出制度安排时，要考虑网络技术发展不同阶段的特点和技术实践主体的特殊性，有针对性地和符合实际地制定规章，以做到有的放矢。例如，对网络技术开发主体的约制与对网络技术应用主体特别是网民的约制就应该不同，只有这样，才能增强制度的实效。

最后，制度安排具有强制性。社会控制的手段一般分为“软控制”和“硬控制”。依靠主体自觉实现的叫“软控制”，而依靠法律控制的称其为“硬控制”。制度安排从狭义的角度讲，指法律法规、奖惩规章及纪律处罚等，它既有自觉性，更重要的是有强制性特点。一经建立，必须执行，如若不执行，必有惩戒。对网络技术主体行为进行约制，在某种情况下，需要将自觉与强制相结合。基于上述制度安排的特点，可见，加强对网络技术的建构，应从制度安排做起。

三、网络制度安排的具体设计

1. 网络社会自我规范技术机制

"网络世界不是一个没有规则或规范的世界，在各种不同的网络社群里，早已发展出为其成员所遵循甚至为多数网络使用者所认同的网络习惯法"[①]，即网络社会自我规范技术机制。虽然网络目前的架构方式是分散式、分权式的，但网络本身的运作依赖许多必要的软件硬件设备以及通信协定，如 TCP/ IP 通信协议，PPP 通信协议。这类通信协议，是在不同网络之间，甚至网络管理者与使用者之间自动自发的协力合作方式，以达到通信规范的目的。目前，在网络上具有主导地位的微软公司和网景公司，其产品往往具有为网络设定某类标准的作用。在许多信息产品的研发过程中，各种技术标准通过某些技术组织共同制定。从网络的发展历史来看，许多成文或不成文的网络规范事实上发挥了相当程度的网络规范效果。

2. 应用信息技术规范网络

目前较常用的做法是以计算机软件控制网络活动，用计算机软件阻止那些不被用户接受的网址，留下可进入的那部分。在网络上的某些区域，必须通过输入密码认证身份后方可进入，比如 CHAP 网络认证协议就有此项功能。其原理如下：连接时，先由网络主机送一个密码字（key）给用户计算机，接着用户计算机会用这个密码字来加密要传送的用户名称及用户密码，然后传回网络主机。该主机将接收的数据解密，再核对用户名称及密码，核对无误后，确认其为合法用户。例如，你想在网络上阅读成人色情杂志，通常会被要求以某种方式设定个人密码或身份证明，从而方能获得阅读的权利。目前，网络上几个比较著名的密码或身份证明制度，包括 adult check（成年检验），revising（修正）以及 first pin（首次密码）等，皆以验证使用者的年龄为主要目的。有人建议采用过滤技术，审查互联网内容，但这样做并不现实。因为每天都有

① Crleick J. The Information Future. New York Times，1994-05-01.

大量的信息通过互联网，在某种意义上，“每个人都成为全球范围的媒体制造商”[①]。如果信息都过滤需要时间，同时与互联网信息流通快捷、自由的原理相悖。新加坡政府所采取的做法是，设立一个独立的服务器，用于检查用户网络，每年花费70 000美元，收到较好的成效。实践证明，应用信息科技规范网络，能发挥相当有效率的规范作用，目前已成为网络规范的重要力量。

第二节　网络伦理构建的法律协同

网络社会的发展打破了传统的法律监管模式，宣布了它的局限性。我们只有在网络发展的实践中积极探索符合技术发展趋势的监管手段和措施，制定出具有针对性的监控网络信息行为的法律法规，才能真正有效地规范和约束主体的行为，确保网络信息活动安全、健康、有序地运行。

一、法律协同之必然趋势探源

现代伦理体系是建立在普遍人性的基础之上的。众所周知，现代伦理体系张扬人性以反抗中世纪神性对人的压制，它从人性本身而不是神性之中寻求人类生存和发展的行为准则。自康德哲学以来，“普遍人性”观念至少包含对人类实践活动的两个基本原则：一是人的行为应该服从相同的规律，并且这种规律是“先验”的先天规律；二是这种先验规律只能通过理性认识去把握，人的实践活动应该接受这种理性认识结论的指导。对此，康德在《实践理性批判》中进行过详细的阐释。

这种以普遍人性为基础的现代伦理体系一开始便面临两个必须但无力解决的问题：一是普遍人性是什么，什么样的人性才是道德法则无可辩驳的基础；二是如何从“人性是什么”合理地推导出“人应该如何行

① 阿尔温·托夫勒．为信息时代的冲突做好准备．未来学家，1988，(6-7)．

动”，如何从人之所“是”合理地推导出人之所“应当”。这两个根本性问题注定现代伦理在理论和实践上必然陷入无法摆脱的困境。从理论上说，对普遍人性的理解并不能像自然规律那样确定，甚至每个人都可以对人性做出不同的理解。即使是哲学家、伦理学家之间，对普遍人性的理解也不尽相同。从实践上说，承认关于普遍人性的某一特定结论，并不能让实践者获得具体的行动方案，即“是”不等于“应当”——这是自休谟提出以来一直没有得以解决的问题。那么，同一人性结论在实践中可能导致不同的行动规则，甚至是完全相反的行动规则。

然而，现代伦理生活并没有在上述现代伦理的现代性难题中崩溃，而是平稳地维系了启蒙运动以来的现代实践，原因何在？这其中的秘密在于道德和权力在道德实践中的联姻。在《实践理性批判》中，康德承认了“实践理性的二律悖反”，即自由规律和道德律令是先验的，但是，人最终通过理性又不能完全掌握它，而只能设定它。然而，在现实生活中，并不是任何人都可以自由设定自由规律并用它指导行动，只有掌握了话语权的人才能为自己设定自由规律，并且，这些权威们还将自己设定的准则作为普遍的标准施加给其他没有话语权的人。网络社会诞生以后，网络伦理的建构并没有跟上网络技术发展的步伐，现实生活中的基本伦理精神必然会移植到网络空间中以规范网际交往行为。但是，网络社会不同于现实社会，无中心、无权威和开放性使得类似现实社会中的道德——权力结构在网络空间无法建构起来。所以，现实伦理体系或现代伦理体系无法直接移植到网络空间中去。同时，现实世界的法律体系在网络空间也难以发挥应有的作用。正如尼葛洛庞帝所言：“我觉得我们的法律就仿佛在甲板上吧嗒吧嗒挣扎的鱼一样。这些垂死挣扎的鱼拼命喘着气，因为数字世界是个截然不同的地方。大多数法律都是为了原子的世界、而不是比特的世界而制定的，我猜对我们而言，法律是个警示信号。电脑空间的法律中，没有国家法律的容身之处。电脑空间究竟在哪里呢？假如你不喜欢美国的银行法，那么就把机器设在美国境外的小岛上。你不喜欢美国的著作权法？把机器设在中国就是了。电脑空间的法律是世界性的，既然我们连汽车零件贸易都没有办法和各国达成协议，要处理电脑法律谈何容易。”[①] 目前，现有网络伦理规则基本上是现实伦理原则向网络空间的移植或者变通。然而，在网络空间中，没有现代性伦理所要求的道德——权力结构，任何特定的伦理体系都不可能借助权力或权威来要求所有的人们服从。这就需要建构适合网络社会需要的法律法规体系予以协同。

二、法律协同之效用考量

法律与道德既有联系，又有区别。道德与法律都是约束主体行为的规范，但二者又表现出极大的不同。

道德作为调整利益关系的准则一般多强调技术主体的自觉践行；而法律作为维护社会秩序的规范具有强制性特点。从内容上看，法律是伦理底线，是道德的最小内容。法律与道德在执行中既有区别，又相互凭借。

针对网络社会中的犯罪行为和许多严重的社会问题，许多道德规范显得软弱无力，因此，许多国家制定了相应的法律规范，力求规范团体和个体在网上的行为和关系，如美国通过的《通信净化法》、《反恐怖法》和《隐私权法》，新加坡的《互联网操作规则》。[②] 我国为了促进互联网的健康发展，也于 1996 年颁布了《中华人民共和国计算机信息网络国际联网管理暂行规定》，并在 1997 年 3 月八届人大五次会议通过的新《刑法》中也增加了对计算机犯罪的惩罚规定。[③] 人们期望通过法律手段强化道德伦理规范的效力，保证网络健康有序。

人们在网络空间的社会活动中，在伦理意识方面，道德相对主义盛行，无政府主义泛滥，人际情感疏远。传统规范陷入困境，约束力减弱，新的规范量上扩张，规范效力亟待整合；在伦理行为方面，出现大量不规范行为，小则发布虚假信息，大则利用网络犯罪，如黄色信息、恶意

---

① 尼葛洛庞帝．数字化生存．胡泳，范海燕译．海口：海南人民出版社，1997：278.

② 升文．全球追捕网上黑客．北京青年报，1997-10-01（B）．

③ 张运松．从互联网络与网络主体的关系看网络主体的理性和自由．肇庆学院学报，2003，(1)：48-51，55.

的政治信息、文化霸权主义、行为主体的匿名性等。这些都极大地加剧了电子空间内国家间、地区间道德和文化的冲突，增大了维持国家观念、民族共同理想和共同价值观的难度。匿名性所体现的许多观念很难再放到传统意义上的社会关系、社会实践中加以认识、检验和适用，谎言、偷窃的责任者很大程度上避免了与传统意义的社会接触，责任者之外的他人难以有针对性地做出道德反映并采取道德措施。因此，法律协同就是网络伦理构建过程中最有效的措施，具体的做法是，利用法律的刚性强化人们的伦理道德意识，逐步培养符合网络规范的道德行为。但是，在网络伦理构建过程中，法律究竟在什么情形下协同，则是我们必须关注的又一内容。作者认为，在如下几种情况下，网络伦理的构建必须有法律予以协同。

一是在网络社会中进行权利义务分配时。在网络空间内，最为重要的活动是信息交流，最为重要的资源是信息，所有网络法律的核心即是对信息资源的分配和对有关信息权利的保护。但网络信息的发布和消费完全是根据人的需要进行的，可见，网络的主体仍然是人。为了维护网络空间秩序，针对电子交往主体的人，不仅需要构建网络伦理，对其网上行为进行规范，也需要对其进行权利义务分配，以便克服网络伦理构建过程中出现的种种困境。但人的概念与现实社会中的含义不同。传统法律意义上的人包括生物学意义上的自然人和法律拟制人格的组织即法人。而网络中的人也可分为两类：一是通过技术手段隐藏了真实身份的人；二是网络拟制人格的组织单位。在网络空间中，自由更加被网民和网站所推崇。思想和表达自由是国际人权法赋予各成员国应予保障的人的权利。网络中人的自由权利也有一个限度和边界。因此网络空间对自由的合理限制、对权利范围的科学界定就是法律的应有之义。

二是出现网络纠纷或者网络犯罪时。这是网络社会中某些人的行为冲破网络伦理规约所出现的两种情况。网络社会同现实社会一样，即使上网的都是动机和行为端正、符合网络伦理规范的人和机构，他们在网络中同样也会发生纠纷，况且犯罪（黑客）和其他不轨行为，如侵权行为也会在网络中发生。犯罪学实证研究表明，就普通人而言，一旦离开他经常生活在其中的社区而临时进入陌生的社区，预防犯罪的道德伦理约束力就会减弱。而一个现实社会中的人，通过技术手段在隐藏了真实身份进入网络后，现实社会的道德约束力是否会对它发生同样的作用，值得怀疑。同时，即使道德能够起到同样的约束力，也因为任何一个社区不可能有统一的道德规范、道德无强制实施的效力等原因，导致道德问题仅靠道德本身却无能为力，此时，法律的协同就是一种必然的选择。

三是政府的权力介入网络时。当侵入计算机系统、破坏网民通信自由等不法行为频繁发生时，当网络纠纷被不断诉诸法庭时，政府（如网络警察）和司法机构介入网络便成为必然的事情。此时却产生了新的问题，政府的介入是为了维护网络的安全和秩序，同时也有利于网络自由和网民权利的保障，但是，如果政府权力的介入缺乏法律的制约，将会给网民带来新的不安。一个网民基于他对现实社会国家法律的理解，自以为他在BBS（电子公告栏）或者NEWS-GROUP（新闻讨论组）的文章对公序良俗或者他人权利并无妨碍，然而，他却受到了来自主管机关或者警察的警告，而权力对他的干预并无法律的授权。这时，在任何法制化初期的国家经常出现的政府权力与公民权利冲突的问题，就会在网络重新出现。如何确认网络的自由、保障网民的权利，如何规范网络秩序、规制政府的权力，这个现实社会生活中的宪法性问题在网络法律中也必须予以科学的解答，进而制定符合民主和法制要求的网络法律规则。

四是民族间道德伦理发生冲突时。网络中信息的产生有着很浓烈的地域色彩，而网络的信息本身以及信息传播方式又是无国界、无地域性的。信息反映的是一定地域内人们的知识、情感、文化和社会制度，信息内容的这种地域特殊性在一定程度上是由于人们沟通不便造成的。网络的出现和普及使信息的传播出现超地域特征。在信息高速公路上，与邻居和在地球另一端的人联络同样方便而迅捷，就联系的难易程度而言，地域的概念已经失去了意义。这样，不同的信仰与观念就会不可避免地产生民族国家间的伦理道德冲突事件。为了构建明确的本国的网络伦理道德原则，弘扬本民族道德伦理精神，法律协同对于建立具有本民族特色的网络伦理就具有重要的作用。[①]

三、网络伦理的法律协同体系建构

法律协同还要考虑系统性和渐进性的特点，当然，法律协同也表现出强烈的实践性。一般地说，要针对实践中出现的问题，有的放矢地制定相应的法律法规进行惩戒。

近年来，世界各国开始重视网络法律法规的制定，加大了对网络犯罪的打击力度。如美国的《信息自由法》、《计算机安全法》，德国的《信息和通讯服务法》（通称“多媒体法”），英国的《三 R 安全规则》，俄罗斯的《联邦信息、信息化和信息保护法》等。我国也加快了互联网法律、法规、政策的制定步伐。1996 年 2 月 1 日，国务院颁布《中华人民共和国计算机信息网络国际联网管理暂行规定》，拉开了互联网法治建设的序幕。此后，各种具体的法规、政策相继颁布施行，特别是 1999 年我国新修订的《刑法》对计算机犯罪作了定性规定等，初步结束了我国在互联网管理方面无章可循、无法可依的局面。尽管在网络的法律建设方面有许多成果，但是，由国家最高权力机关制定的专门针对网络空间的信息立法还未见踪影，显然，这将不利于维护网络信息活动的有序化。加强对网络信息的立法研究，必须在专门法方面取得实质性的突破，实现网络伦理的法律协同。只有如此，才能更好地促进网络信息活动的有序开展。[②]

网络时代，加快网络立法的步伐，维护网络自治规则和加强国际网络监管合作显得尤为重要。由于网络具有技术性和程序性很强的特点，普通的如收发电子邮件、网址访问，更为深层次的如编写基于网络适用的程序、入侵他人计算机等，网络法的渊源已远远突破传统的法源种类。有些学者认为，在今天这个科技改变一切的时代中，“我们必须尝试采取

① 宋吉鑫，杨丽娟．论网络伦理建构中的法律协同．社会科学辑刊，2007，(1)：75.
② 升文．全球追捕网上黑客．北京青年报，1997-10-01（B）.

和过去在现实世界里所因袭的法律观点不同的角度，来看待网络世界的规范问题”，可见所谓网络法是指“用以规范网络运作和信息流通的制定法与非制定法规则的总和”。①

先来看成文法。在2006年3月召开的人大会议上，代表们对网络立法的呼声很强烈。首先，网上版权问题。网上版权的适用究竟应该固守现行的法律规定，还是倾向于加以限制；如何获得法定许可，如何支付作品的网上版权使用费以及如何确定网上版权侵权行为，等等，要求修订现行法律或制定网上版权适用规则的呼声日见高扬。其次，电子商务立法。利用电子网络进行的商务活动，即电子商务将逐渐取代传统的商品流通和企业营销方式，这是当今全球的发展潮流。国外一些学者认为，电子商务的技术问题可以在短期内解决，而制约电子商务在中国发展的主要因素，是与之配套的系列法规、交易规则等的建立。事实上，电子商务的出现，给传统的包括《合同法》在内的法律提出了严峻的挑战，比如电子商务当事人的权利能力和行为能力、电子文件的法律地位、消费者权益保护与电子商务、电子付款、电子支付与风险分担，以及互联网对个人资料的保护等，不一而足。这些规范需要用立法（成文法）的形式确立下来。再次，制定计算机法。我国目前规范计算机的法律法规，主要体现在著作权法、计算机软件保护条例，以及有关国际公约的条文中。这些法律法规不能涵盖计算机发展过程中所出现的社会经济关系，如计算机犯罪，对计算机实施病毒行为，非法进入，计算机欺诈、侵权行为，证据规则，搜查和扣押等。

此外还有自治法。自治并不是一个与法律完全对立和对应的概念。有许多研究吸收自治的合理要素，将其作为近现代理性法律秩序的基础结构，并将自治定位成“自主”或“自律”。它指人能够自己决定自己的事务，自己约束自己行为的状态，是与服从他人意志的“他治”或“人治”相对的范畴。研究者认为自治具有如下法律意义：其一，自治

① Coombe R J. Left out on the information highway. Oregon Law Review, 1998, 75: 237-247.

代表一种实际的“社会过程”，法律是这个过程得以展开的舞台；其二，自治意味着对权利及有关法律规则的主观运用；其三，自治代表现代法律建立的一种理性结构。作者以为，这一界定和研究是现代社会法律深入一切领域、深刻影响社会生活的体现，具有相当的合理性。但是法律的社会控制总有限度，自治的范围和凭借决不囿于法律，相当多的社会领域体现着个人和其他社会主体的自由意志，而与法无涉或所涉甚少。网络空间是不是这样的社会领域，网络空间的自治与法治如何协调？

当前，加强网络立法的呼声颇高，但在任何社会，国家法都不是全部社会秩序的基础，在国家法之外，还存在许多非正式的法律。社会不能容忍无序或至少不能容忍长期的无序。其结果无论有无国家法，社会总是会自发地形成一定秩序。人类学家更是通过实地考察证明，历史上确实存在不知成文规则为何物的时代，即使在现代，成文法也不是法律唯一的表现形式，在任何一个人群聚集的地方，都会自发地形成某种秩序。由此可以认为，法律规则就在我们身边，网络在其运行过程中自发地形成规则不乏其例。早在 1993 年，作为中国因特网先驱的中国科学院高能物理研究所参照美国斯坦福国家实验室计算中心的“用户守则”制定了自己的用户守则，规定了网络的用途，对网络账号确定了明确的管理原则，要求“被授权者”对自己享用的资源负有保护的责任，口令的密码必须选择 6 个字符以上，不得泄露给外人，如有泄露，应及时改变，对违反规定者将给予停止使用账号 3～6 个月直至追究法律责任的处罚。中科院此举实际上是出于网络自身的要求。任何事物自身都存在着对规则的需求，并在自身的运行中寻求规则，以期达成秩序状态。法律正是在这种对规则的需求的互动中逐步形成的。当我们着眼于网络法律形成机制时就会发现，网络事实上是相当自律自治的。或许网络规则首先并不是来自国家的立法，而是来自于网络自身。正因为如此，网络社会至今仍然相当有秩序。或者如巴苏（Basu）所言的核心理论：任何能够通过法律来实施的行为和结果，都可以通过社会规范来实施（任何可以通过法律实施的结果，没有法律也能实施；如果一个特定的结果不是那么均衡，可见，没有法律也能得到这个结果）。但法律通过加快信息的传递，来加快形成一致预期。

同时，要加强国际网络监管合作。在网络规范的各国实践中，存在着两种不同的立法理念，即政府审查制和用户或网络提供商自我管理制度。亚洲国家，如中国、新加坡倾向于政府审查制，美国和欧盟倾向于自我管理模式。欧盟指定一个委员会起草了一系列文件，研究在实践中遇到的问题，该文件叫做“在信息服务领域对人类尊严保护的绿皮书”。该文件提出了用户或网络提供商的自我管理模式，得到了欧盟和美国的支持。它们认为采用这种方法既可以减轻政府的压力，又不因此减少人们自由表达意思的水平和阻滞信息的流通。那么如何在信息时代加强国际网络监管合作呢？我们知道，互联网推动信息跨国流动，这种信息跨国流动，包含深刻的意识形态意义和人文特征。在不平衡的信息流动中，信息输出大国更容易将本国的社会价值观和意识形态通过 TDF 传递给其他国家，进行文化扩张。这也正是一些国家实施“政府审查制”的初衷。所以，国际法规的制定对推动互联网的发展至关重要。我们认为，签订国际双边或多边条约（协议）是目前较为切实可行的网络国际监管合作方式。这种双边或多边国际条约（协议）的基本原则包括：

（1）重视规范互联网中每个国家的社会制度、法制环境、文化背景、意识形态，以及它们所作的努力；

（2）监视互联网的规范方法以及它们各自的不足点；

（3）提供一个弹性的规范架构，即允许各国自由地实施其认为较理想的规范标准；

（4）重点规范网络提供商和政府对它们的控制。当政府指令网络提供商清除“不可接受的信息”，网络提供商不给予合作或不执行时，须承担相应的责任。通常，要求网络提供商与政府合作所增加的费用，比起对成千上万连着互联网的计算机软件实施审查的费用要少得多。

最后，建议所有国家组成国际网络协调委员会，在不损害国家主权的前提下，对互联网实施弹性的规范制度。

第三节 网络伦理的管理协同

在网络中，同样需要教养，网络行为和其他社会行为一样，需要一定的道德规范和原则。因此，世界各国纷纷研究制定了一系列相应的道德规范。这些规范涉及网络行为的方方面面，从电子邮件使用的语言格式、通信网络协议、到字母的大小写、电子邮件签名等细节都有详尽的规范。但规范是外在的，要想转变为网络主体的行为，还需要内在的自觉和加强科学的管理。管理是按章法办事的具体实践。

一、管理的主体

任何一项技术的主体都是人，而不是物。有人的存在就要有管理，管理的要义是管理“人”而不是单纯管理“物”。管理就是要以科学的手段，通过对主体所面对的客体，即人、财、物、信息、环境等要素，实现最优的目标。管理是通过管理主体实现对人的管理的。

管理作为人类的一种社会实践并非纯客观的、孤立的活动，而是人的“心智”活动，是精神活动过程。人在精神活动中必然会注入自己的思想因子，如人的情感、观念等文化因素。管理是人类实现目的的活动，同时又是一种人类的伦理价值选择活动。因此，网络伦理管理需要将对人的物质激励与精神激励有机结合，以实现管理由外在他律转变成为内在的自觉，使管理的文化要素通过管理的伦理属性加以展现，促使网络“虚拟人”成为人道的“社会人”。

二、管理协同的科学方法

网络病毒在今天可谓无孔不入。新近，人们又发现病毒网站的出现，如 7939 网站。当人们打开计算机，被感染的计算机总是首先出现 7939 病毒网站，它不仅破坏了人们计算机中的资料，而且严重干扰计算机的正常工作，给人们的行为造成严重影响。

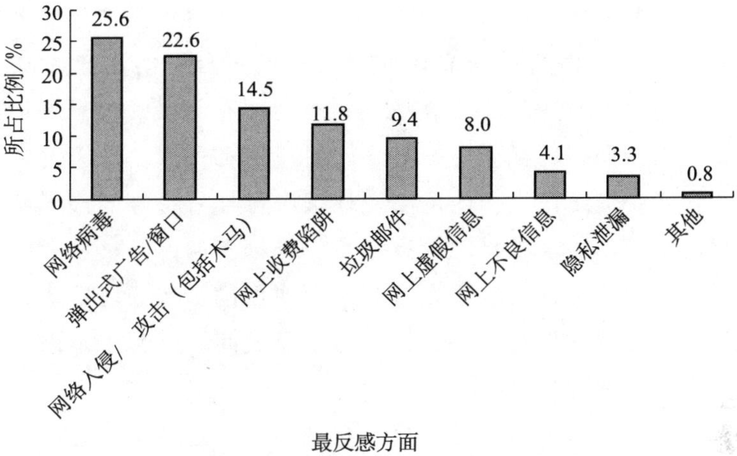

图 6.1　用户对互联网最反感方面的调查统计图

资料来源：中国互联网络信息中心（CNNIC）

人们对弹出式广告的最大反感并不在于它的形式，而是反复弹出干扰人们的正常工作。人总是首先要用鼠标先关闭这些窗口，会感到费时和厌倦。这些现象事实上都与网络管理有关，更进一步讲与网站管理不规范有关。尽管网站的行动受利益的驱动，但是，用户的意愿也不能忽略，如果忽略了用户的反应，同样会造成网站、用户及社会之间的管理不协调，甚至在某种情况下，还会激化矛盾。

因此，管理协同要注意科学方法的应用，要深刻了解和调查掌握网络的主要问题所在，并制定切实可行的措施加以解决。只有如此，网络才能发挥应有的积极作用。为了加强网络的科学管理，我国网络界已经提出一些可行的制约办法。一是实行有限实名制。2006 年 11 月 28 日中国互联网协会理事长胡启恒院士透露，中国正在探讨和尝试在网络世界实行有限实名制，也就是后台实名。当一个用户要到博客网站或 BBS 网站注册账号时，需提交身份证、必要的证件和真实姓名等。而在前台，用户可以使用自己喜欢的名称，而不是真实姓名。网民如果没有做危害公众利益的事，真实姓名属于隐私。而一旦触犯了法律，隐私将不能再成为隐私，会受到监管。[①] 二是通过数字加密技术，对网络行为主体发出

① 我国拟实行后台实名前台匿名的网络实名制．mhtml：//Documents % 20and % 20settings \ guest-1 \ ．2006-11-28.

的信息进行“数字化签名”，使接受者能肯定他收到的是期望的发信者发出的信息，而不是伪造的信息，或“大规模张贴”的信息垃圾。三是“数字水印”技术。在信息发出者发出的信息上进行唯一而且不可更改的数字标记，使人们在真正需要的时候能寻找到责任人。迅速发展的多媒体网络通信则将最终使人们的网络交往摆脱符号对符号的虚无状态。从网络管理的角度，要求以自己的真实身份登记入网，要求在入网登录时输入自己的用户名和密码，不允许多人随便用同一登录名等，这些都有利于把网络主体的责任与义务、行为与后果之间统一起来，因而有利于对网络道德主体的有效约束。

加强网络主体的规制，要防止两个极端。一是极端的控制，即对网络主体进行脱离或超过正常需要的监控。虽然因特网的结构不利于这种控制，但其他网络结构可能特别有利于这种控制。一旦这种想法变成现实，可以设想，“网络社会”将是可怕的。在物理空间，你至少还有一个属于自己的家可以放松自己，但如果你生活和工作不可缺少的整个电子信息网络在所有时间、在任何情况下都有人冷冰冰地“盯”着你、记录着你、随时准备清算你，你将作何感想？另一个极端是放纵，即完全满足于网络主体模糊的状况，认为上网要的就是为所欲为的感觉。我们知道，个体的道德发展进程是从他律到自律的过程，对整个社会来说，道德秩序的完善不仅需要自律，也需要他律，他律与自律缺一不可。排斥他律而空洞地标榜自律，将失去真实的自律。

因此，在充分发挥电子信息网络提供给人的放大的自由和放大的能力的同时，应该保证人类的整体利益和社会的公共利益，对网络主体的行为进行疏导，建立网络社区伦理道德管理监督中心、网络伦理道德法律咨询援助中心和网络诚信体系，切实加强网络管理，形成良好的网络技术生态环境，以促进网络技术的健康发展。同时，应该尽可能创造一种以每个人的全面发展为前提的整个社会的进步机制，防止以“集体”的名义扼杀集体中的个体。[1]

---

① 严耕，陆俊，孙伟平．网络伦理．北京：北京出版社，1998：163.

三、伦理管理是管理协同的基本要义

网络管理关系主要表现为网络管理者与网民关系、网络管理者之间关系、网络管理者与网络技术研究者关系、网络管理者与社会的关系，这些关系事实上即为伦理关系。“动物不对什么发生‘关系’，而且根本没有‘关系’；对于动物来说，它对他物的关系不是作为关系而存在的。”[①] 可见，关系具有“属人”的性质。在现代管理中，伦理精神已经内在于企业文化之中，它突出强调管理的人本性。我国著名管理心理学家苏东水先生曾经指出：管理的特性是“以人为本，以德为先，人为为人”[②]。现代管理具有伦理特性，伦理又是社会文化的核心。

网络伦理管理也是现代文化建设的题中应有之义。网络伦理管理较一般的法律控制更具有人道性，它可以通过思想和品格的历练达到有效的规范目的。

伦理管理协同要通过规范来发生，因此，在伦理管理协同时应注意道德规范和管理规范的一致。道德规范的发生依靠人们自觉，管理规范的发生是以他律的形式存在的，二者需要协调。当然，协调的基础是动机的一致性。但从效力的角度看，伦理规范更自觉，同时也更平和，关系更和谐。

怎样才能有效地发挥管理协同的作用呢？笔者认为，应加强对网络伦理学的研究，从技术角度加强对网络管理的规范。2000 年 5 月 15 日，国家社会科学基金首次资助网络伦理课题——计算机网络化进程中的伦理问题研究。从研究的结果看，以数字化的信息为中介的伦理关系不仅存在于网络之中，也存在于许多非网络的信息领域中。信息化社会的伦理的要求、准则和规约，不仅要指导网络行为，而且要作用于网络以外的其他信息化行为，相对于社会全面的信息化而言，我们在进行伦理学研究的过程中，应当展开广泛而深入的信息伦理研究，而不仅仅研究网络伦理。

---

① 李三虎．技术发展与伦理秩序．自然辩证法研究，2002，(9)：26.

② 理查德·A. 斯班尼罗．信息和计算机伦理案例研究．赵阳陵，吴贺新，张德译．北京：科学技术文献出版社，2003：9.

在技术上，可以采用理论上非常安全有效的管理机制来保护我们的网络。但是，计算机或某种技术并不会辨别是非善恶，也不具有人的理性，如果没有一套强有力的管理措施相互配合，没有把“人”的因素放在首要的地位加以考虑的话，再精良的技术也无法防范别人从系统上最薄弱的环节——人——来进行突破。[①] 如同任何系统最危险的因素是人一样，网络安全最终也在于人的自主自觉的维护和管理。没有广大网络用户、服务商、管理员和电子警察等的高度自律和自我管理，网络社会是难有宁日的。[②]

四、管理协同需要加强对网民进行教育

管理的一个“管”字，赋予了一种外在的含义，它的实现是通过他人完成的。如果不使用“协同”二字，那么，单纯强调外在似乎无可非议。而“协同”就将“和谐”寓于其中，要达到“和谐”就不是生硬的管理，而是带有启发和教育式的管理。

网络管理协同要特别注意网民的特点，通过对网民特点的分析，找到实现“协同”的切入点。从最新的一项统计资料上不难看出，网民比例最高的年龄为18～24岁，见图6.2。[③]

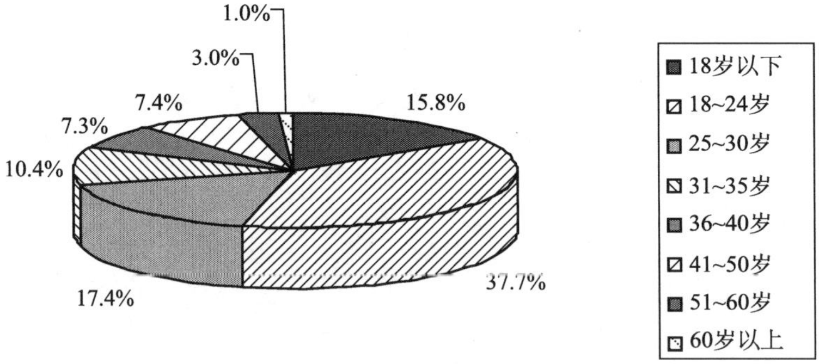

图 6.2　网民年龄比例分布统计图

资料来源：中国互联网络信息中心（CNNIC）

---

① 孙伟平．猫与耗子的新游戏：网络犯罪及其防治．北京：北京出版社，1999：295.

② 李伦．鼠标下的德性．南昌：江西人民出版社，2002：26.

③ 中国互联网络信息中心．年龄分布图．http：//202. 119.2.197 /courses/ WebCourse/ CH5/ image/ CNNICbg. htm. 2006-09-28.

而这个年龄阶段的青少年正处于世界观、人生观和价值观的成熟过程中，必要的教育和引导是非常重要的。

对网民进行教育，内容应该包括法制教育、道德教育和纪律教育。要网民懂得自己与社会的关系，自己的行为对社会和他人可能产生的影响，以使其通过内在的自律，促成管理和谐。

此外，通过对网民的各种渠道的教育，提高网络主体的伦理意识，是网络教育的直接目的和根本任务。树立网络主体间相互尊重的观念与意识，抑制相反行为的衍生，提高合理合法的观念，树立优化和安全意识，加强道德主体建设，是建立自主性道德的首要任务。自律是在他律指引下逐步形成的。如果缺乏清晰的伦理准则，那么，大多数个体仍然会在面对多种行为选择时茫然不知所措，只有借助于伦理准则提供行为指导，个体才能比较容易地做出何种行为正确、何种行为错误的正确判断。

网络信息一方面是技术形态的东西，另一方面其传播的信息有政治性、文化意识形态性和阶级性，特别是在意识形态领域和文化领域会产生带有偏向性的影响。互联网时代，要使有思想、有教育意义的内容压倒那些不健康的内容，就要增加网络科学、教育和文化的内容，利用网络手段，以生动活泼的形式弘扬网络伦理道德。

第四节　建构网络伦理“三位一体”的社会保障体系

社会保障体系的建构是一项系统工程，需要全社会齐抓共管。建构网络伦理的社会保障体系应该以实施有效的社会控制为基点，在提升网络主体道德自觉性的前提下，增强网络主体的社会责任感，将内控制与外控制相结合，将软控制与硬控制相统一，确保网络技术积极作用的有效发挥。

1. 建构网络技术行为规范是基础

网络技术行为规范是网络技术制度安排的一种形式，传统观点认为它仅是一种软约束，这是不全面的认识。事实上，规范的含义很广泛，既包括道德规范、纪律规范，也包括法律规范。规范是对人们的行为提出的特定要求。它不仅需要自觉，而且在人们不自觉时，也会有强制，那就是与规范相匹配的惩戒措施。在网络技术建构的过程中，人类需要转变一种观念，即将伦理道德规范要求与配套的惩戒措施有机结合，只有如此，才能通过制度提升道德规范的效力和增强网络技术主体的责任感和自觉性。

2. 建构网络伦理的法律保障是核心

法律与道德虽然都作为对人们行为约束的规范而存在，但是二者最大的不同，就是法律是依靠国家强制力保障和实施的。对网络引发的伦理困境的消解，在某种情况下，可能依靠道德的自身力量无法解决，因为人们的道德觉悟、价值观念和心理素质还没有达到社会期待的共同标准，个体差异显而易见。道德相对主义和个人主义思想的困扰还无法超越现在的历史阶段，而使人们脱离红尘。各种思想的染化交相辉映，自由主义和无政府主义行为在人—机关系的假象面前表现得淋漓尽致。肆意侵犯个人隐私、传播黄色信息、污言秽语的人身攻击及盗版侵犯知识产权等，必须依靠法律手段加以解决。网络技术的问题已经不是简单的“网络空间”的伦理道德问题，当它与现实世界发生特定联系时，也势必与“物理空间”的法律法规相碰撞，需要法律为其做出解释。法律作为一种有效的社会调控手段，应该在网络世界发挥其应有的功能，而且也是大有可为的。关键问题在于如何使法律的制定和实施适应网络发展的需要。因此，我们应该加快网络立法的步伐，并增强法律的预见性。同时，需要指出的是，维护网络秩序是一项综合性的系统工程，除了法律，我们也要有其他更多的选择。[①]

3. 建构网络伦理需要社会综合治理

社会综合治理包括开展伦理道德教育、法制宣传、建立帮教机制及监督惩罚机制等。建构网络伦理需要社会提高综合治理的能力。

---

① 李伦．鼠标下的德性．南昌：江西人民出版社，2002：24.

随着网络技术的发展，人们可以看到应用网络技术的主体人群的年龄越来越年轻化，青少年是使用网络技术的主体，他们的世界观、人生观和价值观正处在由不成熟向成熟过渡的阶段，适时开展网络道德教育对他们的健康成长意义重大。同时，网络犯罪、侵权及有失伦理规范的行为也多发在他们中间，在客观上讲，这也是网络技术作为新兴技术及以现代科学为基础的高技术的特点决定的。青少年群体是接受新知识、新技术的集中载体，加之他们正处于心理发育期，种种行为选择需要社会的引导和规范。建立健全网络社区伦理道德管理监督中心、网络伦理道德法律咨询援助中心和网络诚信体系，大力开展道德教育、增强法制观念、建立帮教机制、加强监督管理等手段，都是有效规范网络主体行为的好方法，也是社会综合治理能力提高的表现。当然，开展网络伦理研究，也将为提高社会综合治理能力奠定积极的基础。

总之，超越网络伦理的困境，确保网络技术的健康发展，需要全社会携手并肩，需要全球范围内的网络主体增强责任感，需要不同的国家跨越历史和文化的鸿沟，在同一的技术条件下，建构具有普适性的规约和制度，对内加强管理，对外加强控制，以实现网络技术正价值的有效发挥，为促进社会发展和人类进步做出积极的贡献。[①]

① 宋吉鑫，王健，赵迎欢．网络技术伦理困境及社会建构．科学技术与辩证法，2006，(5)：77-78.

第七章 网络伦理实证研究

理论研究的目的在于指导实践。网络伦理学研究的一个重要内容旨在与中国的实践相结合，以科学的理论武器指引人们的行为，使行为合于规范，从而促进网络的健康和可持续发展。

第一节　抵制网络低俗化问题研究

网络作为现代科技革命的代表性产物，以超大信息量、方便快捷、虚拟性、匿名性等特性迅速地渗透到人们生活中并改变着人们的生活。随着网络技术的迅猛发展，人类社会进入了一个全新的“网络时代”。作为继报纸、广播、电视之后的第四媒体，网络媒体越来越成为人们获取知识和各种信息的重要渠道，并对人们的工作、学习、生活乃至思想观念产生广泛而深刻的影响。网络作为一种高科技成果在给人类社会的发展带来促进作用的同时，也给人类社会的发展带来威胁、挑战和困惑。网络给各国的政治独立带来困境并导致民族文化的衰落；网络使人际关系冷漠，情感疏远，造成人类退化危机；网络信息资源利用的不平等使世界范围内的贫富分化加剧；网络的发展使传统的伦理道德、法律观念遭受严峻的挑战。

2009 年 2 月 6 日，中共中央政治局委员、书记处书记、中共中央宣传部部长刘云山在整治互联网低俗之风专项行动工作会议上强调，“要以更坚定的信心、更有力的措施，坚持不懈地把整治互联网低俗之风专项行动引向深入，巩固和扩大已有成果，努力把互联网建设成为传播社会主义先进文化的前沿阵地、提供公共文化服务的有效平台、促进人们精神文化生活健康发展的广阔空间”①。不到几个月时间，已关闭严重违法违规网站 1635 家，关闭淫秽色情博客 217 个，公开曝光批评网站 86 家，删除淫秽色情和低俗信息 400 多万条，公安机关立案侦办网络淫秽色情违法犯罪案件 95 起、成功破获 47 起。

据 2008 年 7 月 24 日发布的《第 22 次中国互联网络发展状况统计报告》显示，截至 2008 年 6 月底，我国网民数量达 2.53 亿人，首次大幅超过美国，跃居世界第一位。另外，在众多网民中，30 岁以下的网民占总数的 68.6%，超过网民总数的 2/3，居于主体地位。其中学生所占的比例最大，大专及以上学历的网民占总数的 31.2%。通过数据可以看出，众多网民中多数是未成年人、即将步入社会或刚刚步入社会的大学生。这一人群的意识体系和自控能力都未完全成熟，很容易受网络中的低俗内容的诱导而走向迷途。这些违背社会道德标准的行为将给社会带来极大危害。

一、新形势下网络伦理中的低俗化问题及其表现形式

网络在中国的迅速发展，不仅强烈地影响着社会的经济生活、交往

① 刘云山．把整治互联网低俗之风行动引向深入．http：//www.chinanews.com/gn/news/2009/02-06/1553500.shtm. 2009-02-06.

方式，而且深刻地影响着传统思想观念和思维方式，改变着人们的工作方式和生活方式。网络如同一柄“双刃剑”，在促进经济迅猛发展的同时，也带来一系列现实社会难以应付的伦理问题。

网络低俗化是指在网络中的一些直接或隐含的传播黄色淫秽和暴力图片、文字信息等内容的网络行为。网络低俗化问题与经济利益直接相关，一般地是指信息发布者在经济利益的驱动下，为了迎合受众较为低级的审美情趣和感官刺激，使用煽情等虚假手段吸引信息接受者的手段和方法。网络是一个开放的、易进入的空间，人们可以自由随意地以虚拟的身份进入空间，并获取自己想要的信息，在网络空间里每个人都是一个数字代码。因此，由于人们的自控能力下降，网络低俗内容尤其是对一些未成年人和刚刚步入社会的大学生来说更是危害极大。网络低俗内容会扭转人正确的意识形态，激发人的暴力倾向，增加社会犯罪率。网络低俗化问题主要有以下几种表现形式。

1. 网络淫秽层出不穷

网络淫秽是网络低俗化的主要表现形式。我国正在加大打击网络淫秽色情的力度。为严厉打击网络淫秽色情违法犯罪，铲除淫秽色情网站利益链条，公安部、中共中央宣传部、中共中央对外宣传办公室、工业和信息化部、卫生部、国家工商行政管理总局、国家广电总局、国家食品药品监督管理局、中国银行业监督管理委员会决定，自 2009 年 8 月至 10 月，在全国范围内组织开展打击整治网络淫秽色情专项行动。

当前，网络淫秽色情等违法犯罪活动出现许多新情况、新特点。一些不法分子通过境内不法网络接入服务商将淫秽色情网站托管到境外逃避打击；境内外不法分子相互勾结，由境外人员建设淫秽色情网站，并委托专门的“支付联盟”收取境内会员费用；不法分子通过建设淫秽色情网站实施网络盗窃、为性用品销售网站提供广告链接、销售点击率（流量）非法牟利以及通过建设虚假色情网站骗取网民注册费用。

目前，传播网络淫秽色情屡禁不止，其表现形式也千变万化，主要表现形式有以下几种：

第一，在境外开办淫秽网站并在境内发展会员、传播淫秽色情信息；

第二，组织网络淫秽表演和进行网上招嫖活动；

第三，建设虚假色情网站骗取网民注册费；

第四，利用 WAP 手机网站、点对点网络传播淫秽色情信息；

第五，明知淫秽色情网站，仍投放广告进行推广；

第六，明知淫秽色情网站，仍提供网上支付、手机代收费。

当今社会竞争日趋激烈，压力不断增加，人与人的交往日趋冷漠。当代人群普遍具有孤独感和空虚感。这一致命缺点也为贪图利益的不法分子提供“有利契机”。他们在自己建立的非法网站上上传色情电影和偷拍淫秽视频，这些低俗化内容的传播对社会造成极大负面影响，尤其对处于性懵懂状态的未成年人，极有可能导致他们青春期的生理冲动和对异性的无限渴望，从而导致犯罪事件的发生。据有关机构统计，只要在互联网上连续击点 7 次，就能找到黄色网点，互联网上有黄色网点 90 多万个。“黄潮”泛滥，已成为日益棘手的社会问题。

2. 信息污染

网络世界信息资源的丰富性、有趣性可以增长人们的见识，开拓人们的思维，给人们的生活增添色彩，带来乐趣。然而，网络世界也存在着大量的垃圾信息。

如果说近现代工业文明带来全球范围内的环境污染问题，那么当代网络文明也产生了无数的糟粕，而且正在日益演变成信息垃圾。一方面，互联网上数十万个色情网站在不停地制造信息垃圾，还有一些网站经常讨论名人的婚外恋，甚至毛发、艳星的指甲和三级片等无聊的东西，使网络日益演变成垃圾站；另一方面，当你打开你的电子邮件，信息垃圾常常不期而至，有黄色信息、反动言论、让人讨厌的电子广告。网上信息太多太杂，常常是有用的信息找不到，没用的信息一大堆，在网上常常浪费大量的时间与精力。

近年来，利用网络的虚拟性、隐匿性以及数字性等特性，在论坛、BBS 中传播有害数据、发布虚假信息、滥发商业广告、随意侮辱诽谤他人、滥用信息技术等方面的行为越来越突出。

3. 网络暴力

网络暴力是指网民在网络上的暴力行为，是社会暴力在网络上的延伸。它产生的根源是由于网络的匿名性，网络上缺乏制度和道德约束，还有一些是部分网民自身素质的原因、社会的不公和法治与精神文明建设滞后等。网络暴力的主要表现形式有：

第一，网民对未经证实或已经证实的网络事件，在网上发表具有攻击性、煽动性和侮辱性的失实言论，造成当事人名誉损害；

第二，在网上公开当事人现实生活中的个人隐私，侵犯其隐私权；

第三，对当事人及其亲友的正常生活进行行动和言论侵扰，致使其人身权利受损等。

现实生活中的每个人都可能成为网络暴力受害者，网络暴力凭借网络自身所具有的虚拟性、匿名性等特点，正在肆无忌惮地破坏公共规则、触犯社会道德底线。

4. 网络沉迷

所谓网络沉迷，指一些人在一段时间内被网络空间中五花八门的信息和新奇的交往方式所吸引，将大量的精力投注在网络上，甚至对其他事物提不起兴趣。网络沉迷会导致轻度的"强迫性沉迷异常"。网络空间中的虚拟生活使很多人对网络产生了依赖感，常见的情况是轻度依赖，即习惯了上网的人一旦无法上网就会有一种缺失感，而另一部分人的依赖程度则较深，进一步表现为网络沉迷甚至网络沉溺。网络沉迷现象是一种中度的网络依赖。

从网络沉迷的表现来看，往往是某些心理或精神症状，如孤独、自闭症、癔症、强迫症、精神分裂症、痴呆、癫痫或处于亚健康状态。其实网络沉迷不光对沉迷者造成心理伤害，还严重影响家庭与社会。根据最近的一项调查显示，6％被调查的美国人已经完全沉溺于互联网之中，从而使他们的家庭生活和事业都遭到毁灭性的破坏。一些上班的人因整天沉迷于网络中而失去工作。再者，沉迷于网络也会给大部分沉迷者带来沉重的经济压力。斯坦福大学教授 Norman Nie 的调查发现：人们在网上的时间越来越多，而在现实世界中与人交流的时间则越来越少。

5. 人格的破坏

随着网络社会的不断扩展，“互联网综合征”也在一些网民，特别是“网虫”身上发作了。西方发达国家的一些“网虫”，可以没有家庭，可以辞去满意的工作，可以抛弃身边的亲人，但绝不能没有网络。一些沉溺于网络这个虚拟空间的人，特别是青少年，甚至可以为了上网抛弃学业和前程。这不仅导致家庭及社会价值观的改变，使亲情关系日渐淡薄，而且严重影响青少年道德人格的形成和身心的健康发展，这是目前网络伦理必须处理好的难题。

6. 个人和公共信息安全

网络社会也并非一片净土。1999 年年初，一个代号“Vicodines”的人制造了十分凶狠的“梅丽莎”病毒，使全球 10 万台计算机瘫痪；同年 4 月 26 日，一个中国台湾大学生设计的 CIH 病毒在全球大暴发，至少使 70 万台计算机受到破坏，造成的损失数以亿计。网络中沸沸扬扬的“艳照门”事件，伊莱克斯总裁助理私人照片外漏事件等很多都是因为木马病毒的入侵带来的。私自入侵他人计算机，并在网络中任意散布和传播他人隐私图片，这种做法严重侵犯了他人隐私权。一些政府机构和公共部门的网页、网站经常被黑客破坏。网络中的个人信息和公共信息安全近期已成为公众注视的焦点。在应对网络病毒、黑客的问题上，我们到底能做些什么？

7. 网络诈骗

在电子商务交易中，交易各方最关心的就是交易的安全性。因为电子商务交易的方式完全不同于传统方式，互联网本身具有的无边界性和开放性，使网络上的交易也面临重重危险。网络是一个虚拟的空间，在这个空间里，人们交流信息、提供服务、进行交易，但彼此并不见面。在这种情况下，不法之徒很容易利用网络的这一特点进行诈骗。由于现在网络诈骗的成本很低，诈骗者只要拥有一台个人电脑、一部电话机及一个假名，就可以利用互联网便捷的特性，以低廉的成本成立一个全球性的集资公司，而国际上仍没有适当的法律可以追究当事人的责任，因此，诈骗现象非常猖獗。网络空间以及网络的特性为那些有组织的犯罪团体提供了一个庞大的空间，信用卡信息、私人资料，以及金融财政内部资料成为他们窥视的目标。现在在网络上实施犯罪远比传统手段便利，只要在网上获取这些私人资料，再将其高价卖给伪造信用卡者，就可以赚取丰厚利润，而且风险和被抓获的可能性也大大降低。使用虚假的信用卡和证明文件作为掩护，诈骗犯们可以自如地在网络上以“合法”身份进行诈骗，使得破案的难度大大加剧，致使人们对网络安全的信任度大大下降。

二、网络低俗化问题产生原因

任何事物的发展总是内因和外因相互作用的结果。分析网络低俗化问题产生的原因，也同样应该关注其内部原因和外部原因。

首先，网络技术特点诱导网络社会失范，数字化、虚拟性、开放性和共享性，现有网络伦理自身存在着某些难以排解的理论悖谬，以及网络伦理的伦理意蕴较弱是主要的内部原因。

网络技术特点诱导网络社会失范。网络技术已经成为人类生活不可或缺的工具，网络技术的发展也日渐成熟，已成为人们信息交流极为快捷和方便的工具。但由于网络技术自身具有结构开放性、通信快捷性、空间虚拟性、技术共享性等特性，为网络社会的一些不规范、不道德、不和谐，甚至犯罪行为提供了便捷条件，从而导致网络社会中的个体道德和群体道德出现“破窗”的链式反应，也可称为“破窗理论”。

破窗理论，1982 年由政治学家威尔逊和犯罪学家凯琳提出。该理论认为：如果有人打坏了一个建筑物的窗户玻璃，而这扇玻璃又得不到及时的修理，别人就可能受到某些暗示性的纵容去打烂更多的窗户玻璃。久而久之，这些破窗户就会造成一种无秩序的感觉。

另外，在网络运行中，发达国家常常处于支配和统治地位。对于发展中国家而言，要建设真正意义上的信息高速公路要花费巨额资金和进行长期的建设。而发展中国家对发达国家的信息过分依赖会潜藏着危险，本国的信息资源得不到很好保护，信息自主权受到危害，本国文化将受到强势文化的威胁。

人们在网络空间中的行为从一开始就是缺少规范和制约的。一些在现实生活中的不道德、反道德、违反法律规定的行为，在网络社会中屡禁不止。正是网络社会一开始对这些违法、违纪和失德行为的纵容和默许，从而导致一系列的反伦理、反道德行为问题的产生。

数字化、虚拟性、开放性和共享性。网络空间和现实空间一样，里面有电影、电视商店等一切现实生活中可以找到的东西。但唯一不同于现实社会的就是它们都是由 0 和 1 组合而成的数字。

网络运行具有“数字化”的特点，数字化的最终结果就是“虚拟化”。在虚拟社会，人们的交往以字符为界而表现得非常自由。由此，使得许多人将网络视为猎奇与宣泄情绪的场所和寻求有隐秘嗜好同道的途径。于是，在自身不能很好地节制的情况下，人与人之间的感情变得日益淡薄，行为上常常表现出与现实社会生活中的伦理道德规范不相符和冲突的状况。

网络社会是一个开放性的系统，而不是一个封闭的系统，不同型号、不同操作系统的计算机都可以联入同一个网络之中；不同的网络也可以通过网络协议互相联入互联网；任何网络用户可以根据需要在网上寻找合适的计算机进行信息处理。网络空间覆盖全球任何国家和地区，因此将整个世界连成一个整体。

共享性是指凡是与网络相连接的人们都可以分享网络社会中的所有信息和资源。共享性是与网络的开放性紧密相连的。这些特性无疑成为网络社会各种问题产生的根源。处于网络社会中的人们再也无法十分安全地保护自己的隐私秘密，再也无法躲避信息轰炸、信息污染带来的身心影响，再也无法保留传统的道德观、价值观、人生观和世界观的纯洁性。这些特点为网络低俗化问题的发展和传播提供了一个“方便”之门。

正如上文所述，网络社会的一切都是由数字构成的，网络社会中一切都是数字化、符号化的，具有虚拟性。这种虚拟性是由计算机、服务器、网络连接和传输设备组成的虚拟空间所具有的属性。它不同于海市蜃楼的虚幻，因为其在网络中的交往是真真切切的存在。你可以在你所从事的活动中互动和感知。它是技术的产物，但又远远超出了技术的界限，它已经延伸到人类生活的方方面面。

现有网络伦理自身存在着某些难以排解的理论悖谬。

第一，网络伦理的本意是要营造体现诚信、公正、真实、平等的网络环境和网络秩序，但现有的网络伦理规范却由技术的掌握者制定，他们是与同样技术水平的网络使用者进行某种约定，这种约定是单向的(很少照顾到技术上的弱者)，因而是象征性的。

第二，现有网络技术中崇尚的尊重知识产权、保守秘密、通信自由等原则被陷入矛盾和循环争论中。这些原则在给予知识产权以保护、保证通信自由的同时，又给肆意传播失真的、不负责任的甚至危害他人及社会安全的信息提供了方便。因此，必须对网络行为进行必要的监控，但怎样监控，则又是难题。

网络伦理的伦理意蕴较弱。由于研究起步较晚，人们对网络的理性认识较浅。在更进一步的伦理价值层面上，人们往往会遇到如下困难：

第一，网络问题的增长速度之快，使得人们几乎没有时间对其加以系统思考解决。因此，网络伦理往往在形式上流于琐碎，内容上缺乏价值标准与鲜明的伦理原则。

第二，网络伦理研究中，一些原先无关道德的问题也以道德问题的面目出现，这相对减弱了其伦理意蕴。比如在信息标准、网络域名、网址分配等涉及网络应用程度、应用范围的规定中，已经超越传统的伦理标准，它暗示了要以“科学”替代“伦理”的倾向。也正因为如此，网络行为主体常会将这种缺乏道德共鸣的伦理规范忽略或置之不理。

第三，网络社会经济方面的原因、相关部门管理疏忽和懈怠、网络法制意识缺失、利益驱使的道德意识缺失、网络主体自身的道德缺失、奉行不同的伦理道德标准，以及人类对于数字信息的崇拜是其外部原因。

从网络邮件、网络论坛、聊天对话到现今的可以申请自己的博客、写自己的网络日记，还可以在网络中上传自己的照片和视频，这些技术的日新月异都为网络走向低俗化提供了丰富的养料、生长土壤和自由生长空间。除此之外，社会的、经济的、法制的和主体自身的伦理建设等方面，也构成网络低俗化问题产生的外部原因。

网络社会经济方面的原因。价值规律决定了在网络社会中也存在着商业性的最大限度追求经济利益的现象，这种执著的追求就会使网络社会卷入网络经济的大潮之中。浮动广告、垃圾邮件、收费陷阱、信息陷阱、网络欺诈等令人防不胜防；网络在线的付费电影、电视、色情影视和成人游戏等层出不穷；付费色情网站的信息、图片下载，电子商务中的系统安全等都是人们在网络生活中常常不得不小心应付的问题，一不小心，就会给自己带来无尽的麻烦和苦恼。

新闻出版总署 2009 年 3 月初公布的数据显示，2008 年我国网络游戏出版产业实际销售收入达 183.8 亿元，比 2007 年增长 76.6%，并为电信业、IT 领域等带来直接收入 478.4 亿元。至此，中国“网游”产业收入规模已经远远超过传统的三大娱乐产业——电影票房、电视娱乐节目和音像制品发行的收入，成为中国互联网经济发展的“火车头”。

个人、商家在经济上的急功近利，把追逐经济利益看得无比重要，道德在巨大的经济诱惑面前变得脆弱不堪。众所周知，网络中的营利方式多数是广告和点击率。就犹如房产一样，“人气越旺，房价就越高”。所以，网络相册、博客、视频、小说、店招、游戏等都间接暗示和隐含着以各种各样的低俗化信息来吸引大众眼球。这样，既能增加自身点击率和浏览数量，又能吸引更多广告商的加盟来增加网站收入。

相关部门管理疏忽和懈怠。黄色淫秽信息主要来源于博客、论坛、网站等，以上所提及的源头都需要在有关部门注册域名地址和租用服务器。但由于有关申请部门认为他们只是负责发放域名地址而对于域名和服务器的用途从不多加过问，认为管理的事情理所当然地属于公安机关和文化部门，这就导致这些域名和服务器的申请人在申请时很有可能使用了假身份证或使用捡到的陌生人的身份证，由于有关部门对申请者申请域名和服务器的用途、申请者的个人信息等审核不到位，心怀叵测之人有机可乘。他们利用很容易就申请来的域名和服务器从事散布、传播黄色淫秽信息的非法勾当。申请审核的宽松和懈怠，对公安机关在以后查找相关负责人员，侦破网络低俗化导致的犯罪带来了诸多困难和不便。

网络法制意识缺失。网络社会中，网络主体的行为具有匿名性、自主性、网络主体的多重身份性，以及网络空间的虚拟性，使得现实社会的一整套法律体系、道德规范和伦理体系在网络社会中陷入尴尬境地。

传统法律和道德规范赖以存在的社会体系和物质基础在网络社会中不复存在。传统社会法律的适用对象是现实社会中实实在在的、活生生的人或组织，而在网络社会中，其所适用的对象已不复存在了，网络社会中显示出来的只是现实中的人的各种虚拟化身，是数字化、符号化的人所结成的各种“虚拟”关系。

法律对网络的控制范围和更新速度远远达不到网络违法行为的更新速度。网络中法律的滞后性使得网络低俗化现象有恃无恐。可见，网络立法滞后是产生这种冲突的客观环境。尽管我国对信息网络的立法工作十分重视，从 1994 年与互联网联网开始，立法部门就制定了有关网络行为的法律条款，对有效掌握制网权起到了一定的作用。但是，相对于网络的迅速发展来说，网络法制是滞后的。特别是对于网络的全球性，国际互联网没有通行的国际法规，致使人们的网上行为难以受到限制。这也是网络法制意识缺失的一个重要原因。

另外，网络的全球开放性，也使得传统法律的适用范围遭遇尴尬。在现实社会中，法律、道德规范和伦理原则都具有阶级性、民族性、地区性，能够体现国家的意志，是为一定阶级、民族、国家和宗教的统治而服务的。而在网络社会中，国家的疆域、界限被打破，民族的意识和国家的意志被消解，整个世界成为一个“地球村”。面对这样一个“地球村”，原有体现国家、民族、宗教意志的法律规范已经不再适用，这就出现了网络社会的法律和道德规范的“真空”、缺失。这些必然导致许多违反道德的行为和犯罪的滋生。

在中国，网民已达到 2.98 亿人，其中 70％的网民是 30 岁以下的年轻人。所以，法律的制定和规范对治理网络伦理问题和网络低俗化问题至关重要，稍有闪失，就会给社会造成极大的危害，也给他们的未来和家庭酿成悲剧。

利益驱使的道德意识的缺失。许多网络经营商为了牟求经济暴利，为开办淫秽色情网站的境内主体提供境外主机托管、境外虚拟空间租赁代理服务的境内互联网接入服务商；在淫秽色情网站建立链接的性用品销售网站、视频聊天交友网站；有意不落实淫秽色情信息封堵过滤措施的搜索引擎；为网上淫秽色情信息传播提供非法牟利渠道的移动增值服务商和第三方支付平台；在淫秽色情网站上发布广告牟利的“网站推广联盟”、WAP联盟、“短信联盟”等网络广告；为了躲避公安机关，特意未留存注册者真实、准确、完整域名注册信息的境内域名注册服务商及未留存日志。

以上种种问题，都源于个人乃至社会的网络道德规范意识的缺失和失衡。网络生活是一种特殊的生活方式，它决定了网络社会的行为不同于现实社会的行为，从而使得二者之间存在着矛盾和冲突。网络社会还没有形成统一的道德规范体系，网络行为处于无规范可依的失范状态。值得重视的是，由于历史发展、生活习惯和价值观不同，造成无国界的网络行为道德评价标准的多元性，这种多元的道德评价标准与未成形的道德标准有着这样或那样的冲突，从而导致了一系列网络道德问题的发生。

网络主体自身的道德缺失。主要表现在网络主体与网络发展所需的伦理道德的不同步性。网络社会的虚拟性需要特定的、新的道德规范予以引领。如果缺乏与之相适应的新的伦理道德，只是机械地沿用旧行为中现成的道德要求，就可能造成旧道德与新行为不相适应的矛盾局面。目前，网络主体对网络社会发展所需的伦理道德知之甚少。面对网络社会出现的一系列新问题，旧道德与新行为不相适应，他们凭借自身的理论水平和分析能力无法对获得的知识和网络进行有效的梳理和整合，不知道如何合理利用以指导自己的网络行为，容易出现行为失范。

奉行不同的伦理道德标准。网络与现实生活中的伦理道德标准是有差异的。例如，在某种意义上，黑客如同现实生活中的窃贼，他们往往在网民不知道的时候进入网民的“家”——计算机中，或大肆破坏，或攫取隐私。但态度迥异的是，对于窃贼，社会上是一片喊打之声，而对于黑客，人们却表现出过多的宽容，甚至是崇拜。这就是双重标准的直接体现。网络中的伦理道德标准较之于现实生活中的伦理道德标准远为宽松，并且内容也发生了改变，形成与现实生活有所不同、或交织或并行的网络伦理，有些伦理标准甚至与传统社会的伦理标准背道而驰，需要进一步补充与规范。

人类对于数字信息的崇拜。在人类进化的历程中，呈现出追求确定性、简洁性的心理态势，人们一直都在试图把自然界的奥妙用最简单明晰的语言描绘出来。人类发展到今天，最简洁、最有确定性、最具概括性的表达方式就是数字。对于建立在两个数字 0 和 1 基础上的计算机信息，大众达到了盲目随从的偏执。人们对确定性数字信息的崇拜促成了互联网空间中行为的放纵，使网络系统的特性呈现出非确定性，从而导致各种悖论的出现。

三、抵制网络低俗化的对策

网络低俗化问题已经不能单单地理解为纯粹网络问题，它是涉及诸多环节和管理部门的社会问题。由于政府与社会之间缺少紧密的联系，使得打击低俗化的力度变得微乎其微，打击低俗化的效果也杯水车薪。对此，党的十七大报告明确指出：要“加强网络文化建设和管理，营造良好网络环境”①。面对网络社会中出现的种种伦理问题，不能任其自由地扩展，要根据其产生的根源有针对性地进行治理。加强网络伦理建设，规范广大网民的上网行为，是促进网络社会健康发展的重要保证。

1. 培养正确的世界观、人生观、价值观

在使用互联网过程中，你可以很随意地在博客、论坛等环境看到散布和传播的黄色淫秽文章、图片、视频。面对纷繁复杂而又充满诱惑的信息，我们应该在日常生活和学习中端正世界观，认清什么事情是当下应该做的，什么事情是永远都不能做的。只有拥有正确的世界观、人生观、价值观，才能不断提高对各种信息的分析鉴别能力、识别力和判断力，增强政治敏锐性，提高抵制错误思想和腐败生活方式影响的能力。

① 胡锦涛在党的十七大上的报告. http://news.xinhuanet.com/newscenter/2007-10/24/content-6938568-6.htm. 2007-10-24.

2. 明晰网络低俗化概念和深化理论研究

“跳网”首席执行官（CEO）杨金钰从一个 WAP 站长的角度阐述了自己的观点，他认为，现有法律对“整治网络低俗化标准”制定得不够详细，导致站长无所适从。杨金钰希望“整治网络低俗化标准”应具备以下两个特点：第一，要有明确可操作、可执行的条文，告诉 WAP 站长们哪些是可以做的，哪些是不可以做的；第二，只有制定出明确的、可执行的条文，告诉 WAP 站长们可以做什么，才能避免出现“撑死胆大的、饿死胆小的”现象。如果低俗化标准的出台具备以上两点，那么，相信手机 WAP 站长们就会去努力做一些人见人爱、花见花开的好网站。

网络低俗化问题属于网络伦理的一个分支，而网络伦理研究在西方一些国家特别是美国开展得较早，有许多经验值得我国借鉴。我国的网络伦理研究工作虽然起步较晚，但发展较快，目前已有了长足的进步。同时发展、完善网络伦理的内容体系，借鉴他国的有益经验和科学研究成果，做到“洋为中用”。例如，美国计算机协会 1992 年 10 月通过并采用的《伦理与职业行为准则》的“基本道德规则”，提出八点“应该”；著名的美国计算机伦理学会制定的“计算机伦理十戒”则对计算机使用者的行为禁忌做出了明确的规定，提出十点“禁止”。这样就使前者的“应该”与后者的“禁止”相互配合，形成较为完整、严密的结构体系，针对网络低俗化问题的研究同样需要大量的理论研究作为支持，从而确保网络社会的健康发展。

3. 加快网络伦理教育步伐

随着网络日益发展和普及，网络道德教育已经成为一些西方国家高等学校的教育课程，例如，美国杜克大学就对学生开设了“伦理学和 Internet”的课程，师生之间在网上以讨论会的形式就相关问题进行讨论。而我国大中小学的计算机和网络课程教育中，注重的是技术理论教育，基本不涉及网络伦理问题的教育，导致有的学生甚至认为，网络的使用是知识技术问题而不存在什么伦理问题，出现网络伦理盲区。教育增强学生的自主意识。所谓自主意识，是主体对环境的独立意识，而不是盲从意识；是主体对环境的主人意识，而不是奴役意识；是主体对环境的驾驭意识，而不是屈从意识。环境是变化多端的，不可能存在绝对好或者绝对坏的环境，因此，我们应该学会怎么去适应环境，积极地对环境进行选择和改造，做环境的主人，而不是丧失自我，随波逐流。对网络信息也一样，应该懂得怎样对信息进行鉴别和取舍，而不是被各种信息流所埋没，丧失自主能动性。因此，加强网络伦理教育，加快网络道德的宣传与推广已成为必须。可以尝试在各级学校设立网络伦理课，或在相关课程中增设网络伦理教育的内容，或在高校图书馆的电子阅览室举办“网络伦理”系列讲座等，增加学生的网络伦理意识，规范其网络行为。

4. 提高网络主体的道德自律，增强自身责任感

在网络空间，青年人可以更快地获取信息，在思维和行为上有极大的拓展。网络道德与法规的建立对于规范青年的网络行为起到积极的作用，但这种“规范”是非强制性的，不像现实社会靠社会舆论、传统习惯、自律三者同时来维持，而只靠个人的自律（内心信念）来维系。“道德自律”是道德主体的行为“自觉”，是在没有社会和他人监督的情况下，仍能保持清醒的自我约束，坚守符合社会规范的道德信念，自觉按照正确的伦理准则行事。在某种程度上，“自律”是一种道德境界，是知、情、意的高度自觉和自由选择，是“慎独”的体现。因此，要通过各种途径，不断强化善恶、是非观念，形成正确的道德认识；要加强正义意识、责任意识、义务意识、良心意识、荣誉意识教育，以培养高尚的道德情感；要锤炼顽强、果断的意志品质，以保证在复杂的道德选择中保持“德性”。

网络社会的虚拟性、自由性和全球性，决定了伦理主体的自主性和伦理关系与规范的开放性，因而要求网民具有高度的自律性。在网络虚拟社会里，人与人之间更多是以符号的形式进行交往，传统道德的他律手段失去了约束力量。每个人通过网络，在接收、上传大量的信息和交流的过程中与其他人发生着各种各样的关系，并最终形成对自身、他人和社会的影响。因此，在网络社会里，要求人们的行为具有更高的自律性。网络主体都是平等主体，每个人也都是伦理道德的责任主体，网络主体的权利和义务应是对等的。网络社会赋予网络主体无限使用权和资源获取权，同时也要对自己网络行为的社会效果负责。因此，要促进网络主体的伦理自律，唤起网络主体的道德意识，使其明确自己的道德需要和道德责任，增强其道德行为的自觉性，使之成为真正的道德主体，自觉遵循、维护网络社会道德。

提高网络主体自身自律的同时也不应忽视网络主体的责任感意识，自身的责任感意识正在时时刻刻督促着我们的自律意识。①作为网络活动的参与者必须接受社会赋予的责任和义务，自觉地遵守网络活动的有关法律法规。进而言之，每一位网络活动者应自觉遵从网络安全与文明为社会尽责。例如：当网络系统遭受破坏时，每一位网络活动参与者只要力所能及，都应尽全力阻止其进一步破坏。另外，即使在别人看不见的时候，也要谨慎自己的一举一动，自觉地遵守道德规范而不放纵胡为。倘若不然，必将因角色扮演失败而遭到法律或社会的惩罚或舆论谴责。②作为网络活动的参与者应接受网络道德宣传教育以及自觉地宣传这方面的知识。人是网络活动的主体，网络活动秩序的好坏与人能否自觉维护网络活动秩序有直接关系。③作为网络活动参与者要接受网络活动心理素质方面的训练，如上网者的情绪、性格、气质等。调查表明，长期上网会使上网者的情绪、性格、气质等发生变化。④作为网络活动参与者应提高道德修养。网络活动参与者在网络活动中应不危害他人利益，不骚扰他人工作，在自身受到骚扰时能正确对待。社会化程度较高的网络活动参与者应做到，在网络活动中不该自己知道的不去探究，不该进入的范围坚决不进，不为低级趣味所诱惑而窥视他人隐私，不为金钱所引诱而陷入计算机犯罪的泥潭，不因为要表现自己的能力而制造病毒、恶作剧等。

5. 建立可操作性强的伦理准则和法律制度

在网络世界，仅依靠网络伦理道德显然不能完全解决问题。伦理道德毕竟是一种柔性社会控制手段，它还需要具有硬性约束力的法律手段的支撑。因为在网络空间中，人们常常并不知道网络行为背后的行为者，社会舆论就很难发挥规范作用。没有法律的强制力，仅靠良心和社会舆论，对于那些缺乏起码的道德责任感或良知泯灭的人来说，网络伦理不足以阻止他们在网上的损人利己行为，不足以规范人们的网络行为。为确保网络的畅通和健康发展，世界各国都制定了相关的法律法规。近年来，我国政府先后颁布了《中华人民共和国计算机信息系统安全保护条例》、《互联网信息服务管理办法》、《互联网电子公告服务管理规定》、《计算机软件保护条例》等法规，特别是国务院新闻办公室和信息产业部联合颁布的《互联网站从事登载新闻业务管理暂行规定》、《互联网上网服务营业场所管理条例（草案）》等，使我国互联网建设和发展向着法制化与规范化的方向迈出了重要一步。

制定网络伦理准则是必要的。网络伦理作为与信息网络技术密切相关的职业伦理，反映了网络时代对人们道德品质的特定要求，体现了人类道德进步的一种价值标准和行为尺度，具有普遍性。同时，网络伦理作为一种新型的道德意识和行为规范，受一定社会的政治、经济制度和文化传统的制约，具有特殊性。因此，我们在构建网络伦理准则时，既要吸收、借鉴全人类的一切文明成果，学习发达国家有益的经验，又要从我国的具体情况出发。①增强网络伦理规范的可操作性。应该说，以前对网络伦理失范现象的防治还主要依赖于技术的手段与形式，显然有着“人受控于技术”的意味。注重理论的完美与惩治力度的规范，不能形成良好的网络秩序，反而助长了一些人对网络伦理的“怀疑”和“规避”倾向。因此，要使网络伦理深入人心，要使其具有发自内心的对伦理责任的认同，认识到自己遵守伦理规范的强大压力与违约责任，必须使网络主体在加入网络时就熟悉和了解网络伦理规范的强制性要求。同时还要让他们强烈地感受到，一旦做出违反网络伦理道德的事，将为此付出沉重的代价，违法者还将受到法律的严惩。因此，网络伦理中的规范、行为责任都要细化、具体化，使之既有很强的可操作性，也更切实可行。②形成一整套的网络伦理规范体系和法律制度。要逐步建立健全网络社会的伦理规范，形成相互配合、协调的一整套网络伦理体系，并不断地加以完善，以便网民和网络管理部门有章可循。

6. 建立网络行为监督机制

建立网络行为监督机制，是保证网络伦理道德建设的基础性环节。

进行网络伦理建设，必须加强对网络行为的监督检查力度。国家和不同网络的所有者有权利、有义务审查与控制网络信息的内容。建立和健全网络行为监督机制可以按照以下方法进行具体操作。

（1）占领技术制高点，加强网络管理和监督。网络社会是由高技术、高技能的计算机和网络来支撑的。网络社会中各种违反伦理规范的行为特别是网络犯罪行为越来越显示出高智能、技术化、专业化的特点和趋势。因此，网络上犯罪与反犯罪的斗争将在很大程度上表现为技术上的较量。只有掌握并精通计算机、网络技术，占领新技术的制高点，才能掌握斗争的主动权，才能对将要或已经实行的网络犯罪活动以有效的预防和稳、准、狠的打击。这就要求我们必须加强对网络高新技术的研究和开发，在目前实施的“防火墙”、“加密技术”、“数字签名技术”的基础上，形成计算机、网络技术的升级和更新换代，用最先进的技术，最大限度地预防和减少网络伦理失范和犯罪现象的发生。

（2）针对未成年人和大学生建立专门机构和网络思想教育师资队伍，实施对网络社会秩序的监管。一方面，高校应与各级政府、各地公安部门建立紧密联系，并建立自己的网络管理机构，对其进行日常的职能管理。要抽调政治思想素质好、计算机网络技术过硬、富有经验的同志充实网络监管队伍，对网络运行实施全天候、全方位的监管，对网络信息进行必要的过滤和筛选，对重点部门、单位的网络进行安全方面的监控和保护，对网上行为的伦理失范者进行及时的批评、教育与警告，对那些利用网络进行的犯罪活动及时向公安部门报告。另一方面，学校还要建立一支高素质的网络思想教育师资队伍，采取切实措施，培养一批坚持以马克思主义为指导，理论功底扎实，勇于开拓创新，善于联系实际，老中青相结合的哲学社会科学学科带头人和教学骨干队伍，使他们在未成年人和大学生思想政治教育中发挥更大的作用。不断完善大学生网络思想政治教育工作队伍的选拔、培养和管理机制。不断加强思想政治教育学科建设，培养思想政治教育工作专门人才。实施大学生网络思想政治教育队伍人才培养工程，建立思想政治教育人才培养基地。建立和完善未成年人和大学生网络思想政治教育专职队伍的激励和保障机制。完善网络思想政治教育队伍的专业职务系列，解决好他们的教师职务聘任问题，鼓励、支持他们安心本职工作，成为思想政治教育方面的专家。采取有力措施，着力建设一支高水平的辅导员、班主任队伍，从政治上、工作上、生活上关心他们，在政策和待遇方面给予适当倾斜。

（3）设置多形式、多层次的网络信息消费投诉处理中心、网络巡视管理、网络事故处理中心、网络急救中心等机构，确保网络资源传递通畅。

（4）成立专门机构，加大对网络信息发布主体的资格审批与监督。强化网络信息内容的审核与管理。设置分级分类管理，增强对因特网的监控。提高防火墙技术和网络文化安全管理，加大内部网络信息保密。

（5）用诚实信用的契约原则调控网络文化消费个体之间的关系。深入剖析网络舆论环境的复杂性，增大舆论监督力度。

7. 构建网络伦理规范体系

构建和规范网络伦理，明确各网络主体之间的权利、义务、责任，以及网络道德的基本原则，形成网络从业人员的职业道德，为网民进入网络社会创造一个良好的道德环境。网络伦理规范可以约束网民努力做到不抛信息垃圾，不传播黄色下流的图片，不在网上有恶作剧的举动，不乱放电子炸弹；上网聊天时语言要文明，自重自律，严格奠定网络秩序，形成干净、健康、文明、有序的网络环境。网络伦理是以责任伦理或自我伦理为主要内容的伦理范式。构建网络伦理规范体系要和改革现代德育单一模式结合起来。伦理的实质是情感行为习惯，先有生活后有伦理，先有情感后有伦理，情感教育在德育中具有优先性。因此必须多营造网络道德生活实践的环境，以情景教育取代简单的、空洞的教条，健全网络道德生活实践的体系，避免网络伦理标准流于形式。

8. 加强国际合作

网络社会是一个全球性的四通八达的“自由时空”，离开了世界各国、各地区、各网络社会的站点的通力协作，网络社会的管理将成为一句空话。由于网络社会的规模越来越大，跨国不道德行为、跨国网络社会的犯罪问题日益严重。为了打击日益猖獗的具有“超地域性”特点的网络犯罪活动，维护基本的网络社会的秩序，建立一个公正、强有力的国际网络社会组织，以协调网络社会的发展，共同制止网络社会的不道德行为，是一个十分紧迫的课题。我们要把网络社会的教育推向多元化、广域化，把世界各地的学校、图书馆、科研机构等教育资源连接在一起，传递当代最先进的科技知识、文学艺术和宗教信仰、异族文化，使网络社会的主体视野开阔、思维活跃。只有国际与国内的网络组织、管理与执法机构之间的通力协调合作，才能建设一个新型的“网络伦理社会”。

此外，还应该加大网络技术力量投入，从技术上保证网络安全。木马病毒、蠕虫病毒等对个人计算机的入侵，有时会对用户造成毁灭性的破坏。所以，为了保障网络使用的安全性，需要加大对网络技术开发的投入，并对网络的安全性进行保护和控制。

第二节　政府部门应对学生沉溺网络的对策研究

网络作为信息社会的新生儿，为人类带来了新的曙光和机遇，它创造了人类社会前所未有的新世界，网络上丰富的信息资源为青少年学习知识提供了十分便捷的途径。通过网络，相距万里的人们只要按一下鼠标便可得到立即的响应，实时性为网络的使用者提供了极大的方便。2010 年 7 月 15 日，中国互联网络信息中心（CNNIC）发布了《第 26 次中国互联网络发展状况统计报告》，报告显示，中国网民规模达到 4.2 亿人，手机网民规模更达 2.77 亿人。互联网普及率攀升至 31.8%，超过世界平均水平。中国境内网站达 323 万个，比 1997 年增长了 2 152 倍。我国 IPv4 地址达 2.5 亿个。中国互联网发展与普及水平居发展中国家前列。学生已经成为网民中的重要组成部分，研究学生上网的实际情况，有助于青少年的教育，使青少年健康成长为国家的建设者。

一、网络对学生影响的现状

就网络对学生的影响情况，我们分别对小学生、中学生和大学生进行了抽样调查，在调查结果中反映出以下情况。

1. 网络对学生的影响低龄化、经常化

随着时代的发展，学生接触网络的时间越来越早。现在主要是从家庭开始接触网络，56%的调查对象是从家长那里知道网络，并尝试上网的。随着年龄的增长，上网的时间增加，与网络的联系越来越紧密，网络对学生的影响越来越大。具体统计结果如图7.1～图7.4所示。

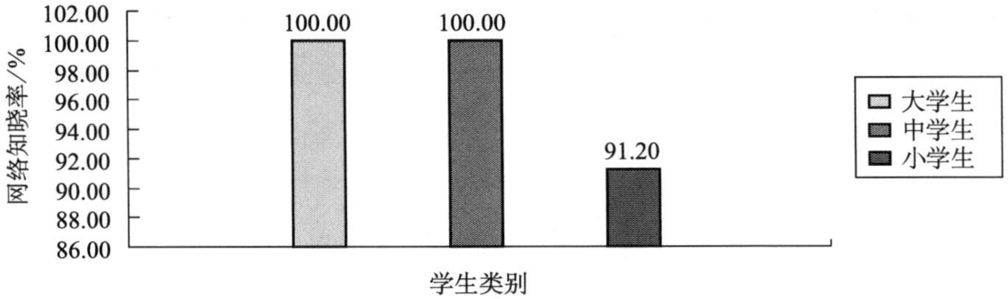

图7.1　学生网络知晓率

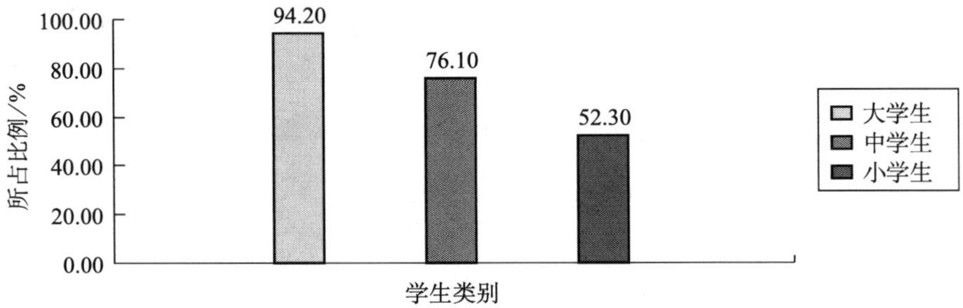

图7.2　学生每周上网2小时以上的比例数据

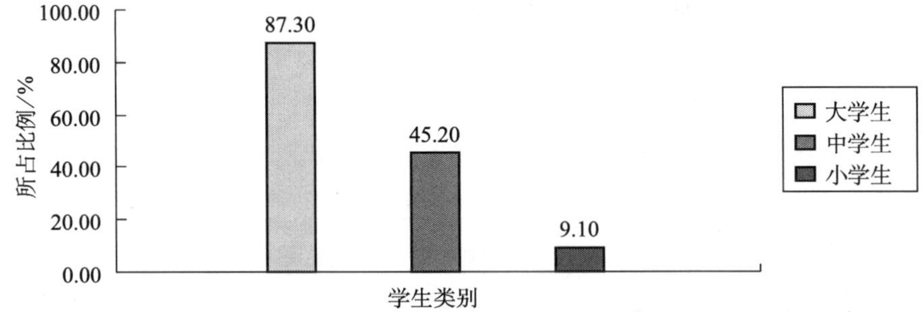

图7.3　每周上网7小时以上的学生比例

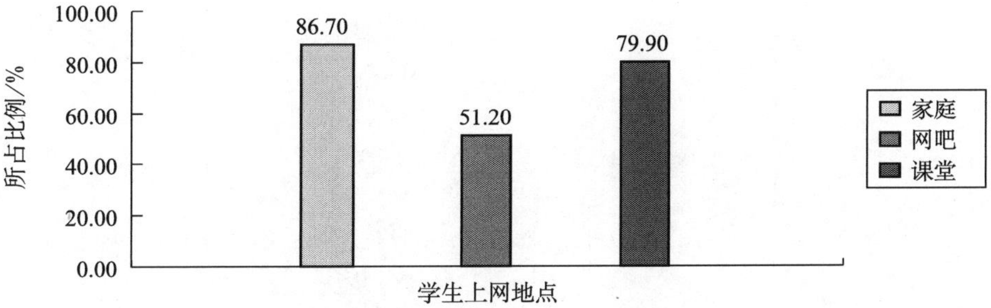

图 7.4　学生上网地点比例

2. 学生上网的地点多样化

随着生活水平的提高，计算机已经进入家庭，家庭成为许多学生的上网场所。小学生上网基本都在家庭，生活小区和学校周围的网吧是中学生和大学生的上网主要场所。中学生选择网吧上网 92.1%是为了躲避家长和学校的约束。虽然大学中有专门供学生上网的网络教室，网络也走进了宿舍，大学生选择在网吧上网原因包括：46.7%是因学校的网速比较慢，42.1%是因在学校上网受时间限制，11.2%的学生则是因为在学校上网内容受限制。手机上网使课堂成为学生上网的重要场所。中学生中有手机的学生占 88.9%，其中 68.2%的中学生用手机上网。大学生中有手机者占 98.7%，其中有 87.4%的大学生用手机上网，并且都有上课上网的经历。可见，网络已经覆盖学生的学习生活和业余生活，从课余时间到课堂时间，其影响可谓无时不在。

3. 学生上网目的多样化

在接受调查的大学生中，上网的主要目的有学习获取知识、看新闻与评论、聊天交友、看听影音、玩游戏等多种选择，反映出上网目的多样化（图 7.5）。

4. 网络对学生影响复杂化

首先，我们通过图 7.6 会看到网络影响学生的学习方式。

第一，网络成为解答学生疑难问题的首选咨询对象。这打破了传统意义上家长、教师的权威，网络上丰富的学习资源为学生提供了更为广阔的学习空间，使跨国、跨校、跨领域学习成为现实。

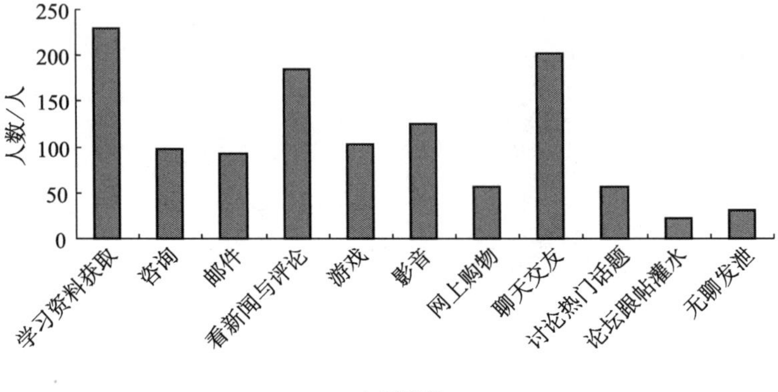

图 7.5　上网目的多样化

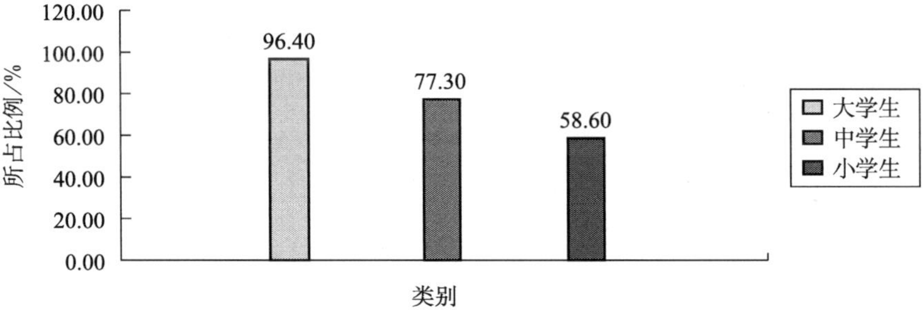

图 7.6　网络对学生的影响

第二，网络影响学生的生活方式。网络对学生生活方式的影响主要体现在大学生的生活中，具体有：上网成为学生业余生活的主要内容，特别是大学生的业余生活中 54.3％的时间是在上网；大学生的交友对象中 49.6％来自网络，与网友见面和聊天已经成为大学生生活的主要内容；网上购物也成为大学生的消费方式，在购买的物品中，既有书籍也有时装和日常生活用品；大学生的生活费中有一部分是上网的费用，大学生中 13.5％的学生每月会有超过 100 元钱花在上网方面；写博客、建空间、发微博已经成为学生日常生活的重要内容，网络成为承载众多学生个人情感的场所，并且学生通过网络可以得到认识的和不认识的人的信息回馈，很多学生乐此不疲。

第三，网络影响学生的思维方式。计算机网络集文字、声音、图像于一体，构成一种立体化的传播形态，它对人类文化最深刻、最内在的影响恐怕在于改变人类的思维方式。信息的高度图像化必然使青少年习惯于放弃思考、追问本质的思维方式，它的形象化倾向则会诱导学生用“看”的思维方式来认知世界，而排斥“想”。网络也影响学生对社会的信任度。尽管学生对网络的信息信任度高，有89％的学生认为网络比报纸更可信，但对于许多无法考证的信息，学生选择怀疑。

第四，网络影响学生的身体健康。长时间地上网，影响了学生身体健康。上网时间过长，大脑神经中枢持续处于高度兴奋状态，会引起肾上腺素水平异常增高，交感神经过度兴奋，血压升高，植物神经功能紊乱。此外，还会诱发心血管疾病、胃肠神经官能症、紧张性头痛等病症。在回答“您认为长时间的网络生活会使人怎样”的问题中，35.4％学生选择“注意力不集中”，30.4％学生选择“精神恍惚”，28.6％学生选择“记忆力衰退”。在大学生中有颈椎疾病、腰部疾病等上网综合病症的占到21％，17％的大学生在网吧包宿过夜，学生的身体健康受到严重威胁。

第五，网络影响学生的心理健康。网络对学生特别是大学生的心理影响十分严重，大学生心态失常的表现有：①网络成瘾。网络成瘾指上网行为冲动失控，过度使用互联网，导致个体的心理与功能的损害。北京大学心理学系钱铭怡教授抽测的结果表明：大学生中有6.5％网络成瘾者。成瘾学生一般主要使用聊天室、新闻组、网络游戏等偏向网络的双向沟通功能。上网时感到心理满足和快感，精神极度亢奋，下网后感到无所适从。②网络交往障碍。网络交往障碍指因使用网络而引发的现实生活中的社交障碍。人们的行为在社会交往中，是受社会道德规范的，而在网上他们不遵守现实社会人际关系和角色扮演的规则，没有必要履行角色的义务。这种匿名效应使他们在网上与陌生人交往幽默、浪漫，而在现实生活中不善言谈、沉默寡语。网络锁住了他们现实世界各种情感之门，使他们对虚拟的网络空间“一网情深”。③网络自我的迷失。在网络交往中，人的真实姓名、性别、年龄、身份等被掩蔽，并且在网络中的角色缺乏责任感，这使触网者渐渐失去了对周围现实的感受力和积极的参与意识，忘记了自己的社会责任和社会地位。网上网下行为缺乏同一性，人格缺乏相应的完整性、和谐性，从而导致部分学生偏执性人格、自恋性人格、边缘性人格和多种人格冲突等。④网络孤独。他们通常缺乏睡眠和过度疲劳，在离线时变得冷漠、紧张或易怒，与朋友关系冷漠，脱离所有的校园社交活动。⑤网络自我约束力降低。由于网络使用者的言行不留下任何痕迹，可以按自己的意愿干自己想干的事，于是他们猎奇和挑战自我的心理极度膨胀，从而导致他们网络价值观念模糊，网络言行随意放纵，还有一部分人将猎奇和刺激作为网上生活的重要内容。同时，网络内容良莠不齐，存在许多色情、暴力等内容，严重影响学生心理健康。

二、学生沉溺于网络的具体表现

1. 网络游戏成瘾

网络游戏成瘾是指长期沉浸在各种网络游戏之中不能自拔，因而影响正常的学习和生活。网络游戏成为学生上网的主要内容，小学生上网86.4％都是玩网络游戏，中学生上网玩网络游戏的时间占78.3％，大学生玩游戏占到上网时间的67.4％。16.2％的中学生和27.5％的大学生对上网玩游戏达到迷恋的程度，玩游戏已经成为他们生活的重要组成部分。在回答“你认为大多数同学玩网络游戏的主要目的是什么”问题中：46.9％回答是“宣泄情绪、寻求刺激”，24.0％是“成为游戏高手，获得满足感”，19.0％是“休闲娱乐”，10.1％是“打发时间”。大学生在回答“你认为沉溺于游戏的一般原因是什么”的问题中，32.6％的学生认为是“控制不住自己，虽然知道过度沉溺于网络游戏有害，但对其危害性认识不够”，23.5％的学生认为“很快乐，很有成就感”，19.1％的学生认为“因为自己时间多，而且主要活动方式就是网络”，15.2％的学生认为“没有其他的网络爱好或活动，并不喜欢博客，忽视评论的权力”，9.4％的学生认为是“游戏开发商总是在各类网页上做宣传广告，不小心就点击进入”。在回答“您认为网络游戏的消极影响是什么”问题中，有51.7％的学生认为“性格或脾气变化，导致有时候影响个人游戏的因素都会觉得与自己为敌。人只有一个大脑，过度放在游戏中，自然无法分心在其他方面，亲情、友情、爱情当然得不到照顾。被游戏模式化，人变得死板，不识人间烟火”，有 27.7％学生认为“降低记忆力，大脑过度紧张而劳累，甚至有人会猝死”，20.5％学生认为“降低交往能力，更加不敢面对现实，与人交往”。这说明大学生对于沉溺于网络游戏的危害是有一定认识的。

2. 网络色情成瘾

网络色情成瘾是指沉溺于网络上的色情内容，包括色情文字、音乐、图片、动画、电影和聊天等。在回答“您认为容易影响自己正常地利用网络学习和工作的网络内容有哪些”的问题中，27.8％选择“视频类”，30.6％选择“聊天”。在回答上网浏览色情内容不受到限制的地点是，100％学生选择“在网吧”。对网络上出现的一些黄色信息和不良内容的处理方式，49.3％的学生选择关闭，有 32.1％的学生因好奇心曾经打开过这种页面，18.6％的学生经常打开。上网选择内容的主动权在学生自己，当网络全部内容对学生没有限制时，学生就会因好奇心、感官刺激等陷入其中。

3. 网络交际成瘾

网络交际成瘾是指过分迷恋通过网络上的人际交往建立友谊或爱情，并用这些关系取代现实生活中的人际关系。网络交友已经成为学生交友的重要渠道，中学生和大学生中 84.4％有网友，并且有 34.3％的学生与网友见面，保持紧密联系，与网友聊天已经成为 37.3％青少年上网的重要内容。在对“网友是否真诚”的回答中，67％认为“不如现实中的朋友真诚”；在回答“你对网友是否真诚”中，65.3％学生回答“不会说实话”；在回答“网络交友对你现实交友的影响”中，54.7％学生认为“在现实交友中会怀疑真诚度”，32.3％认为“影响现实交友的热情”。虽然网络成为扩展交友范围的重要途径，但因为网络的虚拟性，沉溺于网络交友的学生处于不真实的环境中，严重影响现实生活中的人际关系。

三、学生沉溺于网络的危害

1. 损害学生身心健康

网络成瘾使学生迷恋于数字化在线空间里，未能有效实现现实空间和虚拟空间的角色转换，从而导致心理错位、角色错乱和行为失调。由于长期沉迷于网络，学生对现实的感受能力不断下降，参与意识和责任意识逐渐减弱，容易形成沉默寡言、孤独冷漠、自卑消沉、多疑欺诈等心理和攻击性行为。他们常常会有恐慌和自我毁灭感，因此会产生严重的心理危机，甚至会产生精神分裂症。

2. 恶化学生人际关系

一些学生过分迷恋于网上的“人—机”式交往，会忽视真实存在的人际关系，产生现实人际交往萎缩和角色错位的现象，对各种社交活动和学校的集体活动不感兴趣，不愿与老师、同学、家长进行交流，不愿参加集体活动，导致人际关系疏远。特别是这容易导致亲情、友情的疏远，导致远离集体、孤芳自赏的病态心理。

3. 阻碍学生学业发展

学生一旦网络上瘾，便会终日沉迷网络聊天、网络游戏，对学习失去兴趣和信心，以致考试挂科、留级甚至退学，荒废了自己的学业。据笔者了解，高校绝大多数未能正常毕业的学生都是网络成瘾者。

4. 诱发学生犯罪活动

学生染上网瘾，就会迷恋虚拟角色的扮演，而网络上的色情、凶杀、诈骗情节会成为他们逐渐向往进而渴望实现的梦想。近年来，社会上有很多诈骗案、凶杀案、强奸案是网络上瘾者所为。

四、学生沉溺于网络的原因分析

1. 网络因素

网络内容良莠不齐，网络文化影响着学生。

网络灰色文化：是指那些通过网络连续不断地向受众传递的经过渲染的文化信息，尤其是那些经过包装和夸大的低俗的意识形态、价值理念。它对我们构建真善美的标准，对大学生树立正确的世界观、人生观、价值观产生了巨大冲击。

网络黄色文化：是指大学生在网络中得到的含有色情内容的图片、数字影像、文字的丑陋文化。据美国统计，互联网上约有 50 万个黄色网站，平均每 7 次点击，就有 1 次点到黄色网站。这对好奇心强且正处于性欲冲动期的大学生来说可谓贻害无穷。

网络暴力文化：指互联网中宣扬的用武力或暴力手段来解决人们日常生活问题的文化观念。暴力文化的特征主要是绑架、有组织犯罪等。有人做过统计，在因特网上的非教育信息 70%涉及暴力，美国校园枪击事件的不断上升，就是有力的例证。

网络博彩文化：是指因特网中宣传博彩的信息。网络博彩游戏是近几年不少青年人的新宠，现在网上有超过 400 个提供赌博的网站，只需要一张信用卡，就可以 24 小时在家中狂赌。以 2002 年世界杯的博彩为例，全球总投注额就达 125 亿美元。

网络具有内容丰富、形式隐匿、方式虚拟和互动的独有特性。网络已经成为学生知识的重要来源，学生也认为正确运用网络可以达到开阔视野、增长见识的效果。但一些不法商人利用开发各种有害学生身心健康的软件赚钱，黄色网站、暴力游戏、色情游戏等损害学生身心健康的内容也大量存在。这些不良内容满足了学生的好奇心，具有诱惑力，导致学生沉溺于网络，逃避现实。网络游戏满足了学生对未知世界强烈的探求欲望和好奇心理，网络聊天可以使学生尤其是那些在同学中人际关系较为紧张的孩子逃避现实中的许多不愉快，网络的虚拟性特征使得学生许多在现实世界中无法实现的欲望得到一定满足。52.5%的大学生认为以虚拟的身份畅游网络，不必承担责任，不必有后顾之忧，这在一定程度上满足了学生摆脱现实的愿望。28.3%的大学生认为“人生如戏，功名利禄，在网络上完全可以模拟出来，争战拼杀，既可以满足虚拟要求，又可以减少现实损失”。

2. 社会因素

网络存在监管盲区。信息时代背景下网络形式和运行方式的特殊性，使得其空间在目前处于严重的失控状态。网吧设置失控，学校周边往往是网吧最集中的地方；内容失控，许多网站为了提高点击率，其内容充斥着暴力、色情等，有的网站还专门研究上网者的心理，让学生欲罢不能。

没有建立起网络道德。在回答“你认为在网络中道德约束的现状”

中，71.2%的大学生认为“已经存在道德约束，但仍需要加强”，13.2%的认为“不存在道德约束，基本看不到约束”。在关于“对良好的网上秩序建立更有效的措施”的回答中：17.9%选择了“先进的技术手段”，14.9%选择了“法律手段”，33.3%选择了“加强网络道德和网络文明建设”，25.6%选择了“网民的自律”，8.1%选择了“发挥网络监管等智能部门的作用”。可见，调查对象中的58.9%选择是依靠自律和道德的约束，所以建立网络道德迫在眉睫。在回答“你认为网络行为与其影响”时，71.7%的大学生认为“由于过分关注某些网络活动，如游戏、聊天或电影，造成网络生活目标单一化，对其他网络可利用资源的忽视，正常的生活反而成为既定网络生活目标的障碍”。

3. 家庭因素

学生最初的网络体验越来越多地来自于家庭。家庭对学生上网的影响不容忽视，许多家庭的父母就是网迷，对孩子上网疏于管教。另外，父母离异、家庭突发变故、家长过度溺爱等几种情况的学生染上网瘾的概率较高。家庭与学生的交流欠缺也是促使学生沉溺于网络的一个原因，学生与家庭的交流不够，46.2%青少年与家长缺少交流，家庭更多的是扮演“银行”的作用，学生把网络当做情绪宣泄出口导致沉迷于网络，其中56.2%的学生选择网络排解情绪。

4. 学校因素

（1）学校更多发挥着文化教育的功能，对学生的个别思想状况很难及时掌握、及时做好思想工作。39.8%的学生认为在现实生活中很难找到可以倾诉的对象和可以发泄的方式。

（2）学校和社会文化活动对学生的吸引力不强。45.3%的大学生认为大学的业余文化生活对自己没有吸引力才到网络中寻求满足感。

（3）校园的网络缺少吸引力。在大学生上网情况的调查中，46.7%是因学校的网速较慢而到校外网吧上网。学校的网速太慢，既影响学生上网的效率，也没办法满足学生的多方面需要。

（4）学校在学生利用网络方面发挥的作用不够。在利用网络方面，45.2%的大学生认为“学校应当提供网络资源利用方面的普及型教育，确实有些人不会利用网络”，有 26.9％的大学生认为“开设专门的课程来辅导接触网络的学生是非常必要的”。目前，学生上网虽然很普遍，但对网络正确的、充分的利用还不够，这需要学校加强辅导和教育。

5. 技术因素

随着手机上网的普及，对学生上网的时间控制越来越难。对学生上网时间的约束，小学生上网 94％是受家长的约束；中学生上网 76％是受学校和家长的双方面制约，但还是有 19.4％的中学生到网吧上网；大学生的上网环境比较宽松，学校有上网的条件，进入网吧也属于合法，所以主要依靠自制力，29.3％的大学生有逃课上网的经历，缺少外界有效的约束难免使学生沉溺于网络。学生的网络行为，如玩什么游戏、玩游戏的时间长短、打开什么网站、做些什么等都缺少有效的控制手段，在缺少有效的技术约束手段下，学生很容易在好奇心、感官刺激等的引诱下而沉溺于网络。在被调查的大学生中，有 71.7％认为，“今后政府对互联网信息的管理应更加严格”。在回答“你觉得我国公安机关对网络犯罪的打击力度如何”时，61.1％认为“一般”，20％认为“不满意”。

五、政府对学生沉溺网络的具体对策

为防控学生沉溺于网络，应构建以政府为主导的政府、学校、家庭“三位一体”的防控体系，各司其职，使学生避免沉溺于网络，避免学习成绩下降。迷失于虚拟世界、自我封闭、与现实世界产生隔阂、不愿与人面对面地交往，久而久之，会影响学生正常的认知、情感和心理定位，还可能导致其人格的分裂，引起一系列诸如抑郁、品行障碍、情感分裂等症状，不利于学生健康人格和正确人生观的塑造。迷恋网络还可能使青少年产生精神上瘾。一旦离开网络，便会产生精神阻碍和异常等心理问题和疾病。发展到最后，有的会出现消极自杀的意念和行为或导致学生犯罪的高频率发生。因此，及时有效地解决青少年沉溺网络的问题已成为社会各界共同面临的重要而紧迫的问题、刻不容缓。

1. 对司法部门而言

第一，国家要完善法制，确保有法可依，有法必依。我国的《未成年人保护法》规定：营业性歌舞娱乐场所、酒吧、互联网上网服务营业场所等是法律法规禁止未成年人进入的场所，经营者应当在显著位置设置未成年人禁入标志，不得允许未成年人进入；对难以判明是否已成年的，应当要求其出示身份证件。此规定对于净化未成年人成长的社会环境，特别是净化青少年健康成长的舆论环境，强化社会保护，提供了强大的法律支持。此外，我国已经实施的与未成人网络保护有关的法律主要有《刑法》、《全国人大关于维护互联网安全的决定》、《预防未成年人犯罪法》；有关行政法规有《计算机信息网络国际联网安全保护管理办法》、《中华人民共和国电信条例》、《互联网信息服务管理办法》、《互联网上网服务营业场所条例》。在游戏软件管理方面，加强了审查力度。但是，由于互联网的发展异常迅速，新问题层出不穷。而我国的电子游戏市场正处于初创阶段，在许多领域内未成年人的法律保护还处于空白，并且现有法律法规在网络游戏市场对未成年人的权利保护缺乏可操作性。因此，完善有关法律体系迫在眉睫。

第二，制定青少年网络行为规范或指南。为规范网络行为和秩序，应该建立和完善有关规章制度，通过制定、完善并执行如《计算机网络用户行为规范》、《青少年文明上网自律公约》、《青少年网络使用与管理办法》、《网络信息发布管理规定》、《网站管理办法》等制度，保证网络的安全，营造良好的网络环境，对青少年的上网行为从制度上进行规范。这样既有利于明确用户职责和权利，也有利于查证和追究用户责任，对减少青少年网络不正当行为的发生非常有益。这是规范青少年网络行为的基础工程。

第三，出台法律法规规制下的网站分级制度。我们要借鉴国外先进的管理经验，出台法律法规规制下的网站分级制度，推出“绿色网站”标准，从源头上规范我国网络市场。对限制或禁止未成年人浏览的有害和不良信息以及成人信息的范围，作出明确的法律界定。立法应该明确指出什么信息是对成年人和未成年人都不能公开传播的，什么信息是只对未成年人不能公开传播的，只有明确规定了才可以在网络上就某些内容对未成年人设立禁入区域。

第四，健全法律责任追究制度。要防范青少年沉溺于网络必须有健全的法律责任追究制度。要建立上下级层层负责的责任追究机制。政府管理、文化新闻、出版教育卫生、工商行政管理、公安、电信等有关主管部门在各自的职责范围内要承担各自的职责，多维度防止青少年沉溺于网络。

2. 对公安部门而言

第一，要加强执法力度。有法可依是前提。完善、健全的法律制度为解决青少年沉溺网络问题提供了强有力的法制力量支撑。但是，只有法律法规还不足以解决问题，有法必依是核心，执法必严是关键，违法必究是保障。各地公安干警要加大执法力度，严格按照法律、法规依法执政。对违反法律、法规的个人和各种组织，加大惩罚力度，以法律为准绳，进行严肃追究，给予一定的处罚和制裁。坚决杜绝人情执法，违规执法的现象。

第二，成立网络警察机构。针对网瘾问题，政府有必要建立一支专业的网络管理队伍，各地公安部门应根据形势需要，成立网警支队，加强网络监管，取缔非法网站，防范网络犯罪。通过审查、监控等方式来规范大学生的网络行为。对网上反动、黄色等不健康内容进行清理，以净化网络环境，在网络上筑起一道网络德育长城，建立一道百毒不侵的防火墙，防止各种垃圾信息污染腐蚀同学们的心灵。

第三，提高公安干警的网络技术能力。技术控制是有效遏制网瘾最客观的手段。加强技术研究与管理，以技术控制有害信息的传播是公安部门应对青少年沉溺网络的实效性手段。公安部门应该担负起监管责任，着力建设专门的专业管理队伍，提高公安干警的网络技术能力，严格执行网络监管制度，及时遏制网络污染的形成和传播，对学生网瘾问题给予有效解决。

3. 对宣传舆论部门而言

预防青少年沉溺于网络不能简单地拒绝网络、封杀网络，这种短视行为无异于“因噎废食”，应该是“堵”与“疏”相结合。

第一，加强网络法制教育。在信息网络方面的法律、法规、规章虽然仍存在着立法滞后、笼统含糊、可操作性不强等问题，但在信息网络领域并非无法可依。《电子签名法》、《计算机软件保护条例》、《计算机信息安全保护条例》、《出版管理条例》、《计算机信息网络国际联网管理暂行规定》等一系列法规、规章的颁行，基本建立了我国的网络管理法体系。我国《刑法》就侵入计算机系统、故意制作、传播计算机病毒等破坏程序和利用计算机实施金融诈骗、盗窃、贪污、挪用公款、窃取国家秘密或其他犯罪行为规定了相应的刑事责任。另外，公安部、信息产业部、新闻出版署等部门也分别就自己管辖范围内的有关事项制定了相应规定。如《计算机信息网络国际联网管理暂行规定实施办法》、《计算机信息网络国际联网安全保护管理办法》、《计算机信息系统保密管理暂行规定》等。然而，由于宣传教育力度不够，许多青年学生对网络法律、法规知之甚少或全然不知。根据我们的实际调查：有53.7%的大学生对我国网络管理方面的法规不了解，另有37.6%的大学生听说过但不清楚细节。许多大学生对网络违法犯罪的危害性认识不足，他们并不把通过计算机网络实施的犯罪看做是一种犯罪，而仅是一种智力“游戏”或者技术上的挑战。一旦实施成功，犯罪者会得到自我满足，把自己看做“网络英雄”而以此为荣。其他同学也将他们视为“人才”，投以崇拜的目光。所以，对广大青年学生加强网络法制教育是极为重要的。

第二，倡导网络文明。在健全网络立法，使网络发展从无序到有序的基础上，宣传部门应在更广大的社会层面倡导网络文明，通过简单明了的网络公益广告、电视公益广告、公交车广告等各种便于青少年接触的新闻宣传媒体，形成健康的适应主流价值观念的网络文化，引导青少年树立正确的网络伦理道德观念。网络空间中道德的规范作用是十分重要的，道德作为启发人们内心觉悟的无形力量，是国家强制力所无法代替的。法律虽然在预防和惩治网络违法犯罪方面发挥强有力的作用，但是立法的速度往往赶不上网络发展的变化，许多领域无法及时得到法律监管，总有不少网络失范行为是游离于法律之外的。因此，加强对青少年的网络道德教育，使广大青少年讲文明、讲正义、讲正气，自觉遵守网络道德规范，能有效避免青少年沉溺于网络。

第三，倡导全社会为青少年提供全方位的展示平台和成长的多种渠道。宣传部门还应倡导全社会形成推动青少年发展的多维评价体系，为青少年提供全方位的展示平台和成长的多种渠道，注重培养不同类别青少年健康的自我意识与和谐的自我认同。应倡导专家和学者结合新时期的有效载体、结合青少年的兴趣重心，宣传富有时代精神的主题，通过不同的方式和渠道，将主流的价值观、爱国主义情操及时有效地传递给广大青少年，而且要坚决摒弃从前一味说教的枯燥手段。同时应提供青少年喜闻乐见的活动内容与方便安全的活动场所。各级政府和街道社区应为青少年提供充足的、低消费水平的、公益性质的、满足现代青少年需求的活动场所与场地，解决城市青少年没处玩、没得玩的尴尬境况。

4. 对网络管理部门而言

第一，建立严格的准入制度。网络管理部门对于各类网络服务提供者应当建立严格的准入制度，合理控制网吧总量。对于网吧，要严把审批关，明确具体的申办手续和程序，并建立网吧的管理档案，防止“黑网吧”再度泛滥。加强对互联网上网营业场所、电子游戏厅的管理。网络游戏开发和生产企业及销售商要开发和销售健康的网络游戏，坚决打击生产和销售不良网络游戏的企业和个人。

第二，规范网络管理和网络经营。网吧是大学生网络失范行为发生的重要场所，网吧出现的负面问题主要是管理不规范。不少网吧经营管理者唯利是图，缺乏必要的专业技术、法律知识，他们网络安全意识淡薄，在实际经营中疏于管理，对上网人员放任自流。经营者可能肆意在网上传播黄色信息，制造网上信息污染；或者发布虚假信息，随意侮辱诽谤他人，而高科技网络在道德问题面前显得很脆弱。因此，网吧经营者应建立“信息海关”、“信息安全防火墙”，阻止“危害数据”的进入，从源头上净化网络，为大学生提供一个健康的网络环境。要加强网吧的管理，做到规范、合法经营，认真执行上网登记制度；配合学校做好周边环境工作，限制或禁止学校周边网吧的开设；在网吧的服务器端加上过滤卡，过滤或屏蔽网上的不良信息，对一些不良网站及时发现、及时关闭，加强对共享软件的共享管理；网吧的管理人员要提高从业者的职业素质，使其具有良好的自律能力，并能够按照既有道德约束自己的行为，从业者的职业素质的提高有利于形成良好的伦理道德的氛围等。也可以使网吧市场化，鼓励网吧间的联合、重组和兼并，完善网吧布局规划。大型连锁化的网吧有利于政府部门对网吧进行集中管理，能够防止网吧的无序发展和不良竞争，从而引导网吧向健康服务方面发展。

第三，建立网络行为前虚后实制。为了自由要匿名，为了信用要实名。实名制的实行有利有弊，它可以大大降低欺诈、诽谤、人身攻击等问题的发生概率，可以加快彼此身份确认，节省交流时间，有利于建立和谐的网络生态环境，还能减轻互联网服务提供商的压力。但同时，它不利于保证普遍的言论自由度与个人隐私的维护，方兴未艾的网络反腐、网络民政等也将受到根本影响。因此，我们建议实行前虚后实制，通过网络 ID 实名制可以对游戏进行分级，多少岁以下的未成年人不可以玩，可是我们又怎么知道计算机对面的人是不是未成年人呢？甚至于在 ID 注册的时候资料填写的真实性，怎么去核查呢？这方面韩国做得非常完善，韩国境内的网络游戏注册需经过详细的认证过程，包括身份证号码、个人资料，一旦发现虚假的 ID，立刻对其实施停权。在国内，这样的方式也是可以采纳的，只是执行起来有着较大的困难。因为我国网民数量巨大，没有硬性的规定，网络公司很难执行如此大规模的核查。

第四，软件提醒。研究表明，大部分人的实际上网时间超过自己上网前的计划时间，而当上网时间超过一定限度后，上网者身体各个器官的机能都会下降。但上网者由于恋网却往往忽视了这一点。所以应该由有关部门设计一个软件，安装在电信局的网络服务器上。当网络用户开始上网后，该程序启动计时，以一个小时为单位，每过一个小时就在用户屏幕上弹出对话框，提醒上网者已经上了几个小时，其身体机能出现了哪些消极变化，等等。这就使上网者增加了理性控制能力，减少放任自己的可能性。

第五，加强行业自律。在营造网络环境中，政府要做的是宏观管理与间接引导，而不是事无巨细、包揽一切。与政府的强制性规范相比，行业自律性组织可以更灵活地对真实情况做出即时反应，维护网络文化持久的健康发展。因此，加强行业自律是打造健康网络文化的有效措施。提倡所有与网络信息服务有关的经营者、服务者签订行业规范，承诺自觉严格审查其所提供、制作发布和传播的信息，对于违反者予以拒绝链接或不予合作等业内处分，从渠道上规范游戏市场。

第六，规范上网行为。加强网络信息管理，建立健全网络管理规章制度来约束青年学生的网上言行。对于违反网络管理条例规定的给予相应处罚，还可以通过系统内部的规则设置对境外有害网站和有不健康内容的网站进行封堵，禁止访问，并加强对 BBS 和“论坛”的监管，适时对网上信息进行调控，对网上消极信息予以平衡，并组建网络信息员队伍，这样也可规范青少年的上网行为。

5. 对网络技术研究部门而言

首先，以技术控制有害信息的传播。加强技术研究与管理，以技术控制有害信息的传播，共同构建网络安全。据新华网报道，美国联网家庭使用网络过滤或监控软件的比例从 2000 年 12 月的 41%提高到了 2004 年的 54%，对网络采取监控行动的家庭从 700 万户增加为 1200 万户。由此说明，该监控措施是行之有效的。因此，我国应该借鉴其他国家在青少年沉溺网络问题上的对策和方法，加大对网络技术人才的培养，促进网络技术的不断升级，通过先进的网络技术避免青少年沉溺于网络。

其次，开发有利于传播中国传统文化的软件。目前，青少年之所以沉湎于网络世界不能自拔，主要是网上的信息鱼龙混杂，迷惑了青少年的眼睛。应该大力提倡有关部门多开发有利于传播中华民族几千年优秀文化的软件，弘扬民族精神，把青少年从游戏和一些不健康的信息中解救出来，使他们认识到网络中不仅只有游戏和一些光怪陆离的信息，更有一些有利于自己身心发展和提高的信息。这不仅可以发挥网络对青少年的有利作用，还可以增强其民族精神，并使这种精神生生不息地流传。

学校教育在青少年的成长中占据时间和精力最多，它担负着文明启蒙和承继功能。一个人完整的人生观、价值观是在学校教育中实现的。每一代人都无法选择他们所生存的社会文化环境，但是他们必须适应目前的生存文化系统，当然也包括健康的网络生存或娱乐方式。如果教育不介入为他们做出正确引导的话，他们就只能歪曲地理解网络，单纯地沉迷于网络游戏或其他内容之中。

6. 对教育行政管理部门而言

第一，统一规范网络媒介素养教育，并使其常态化。网络是一个令人眼花缭乱的“花花世界”，必须引导青少年学生正确看待它的正面和负面影响，把计算机和网络当成学习工具而不是玩具，健康上网、科学上网。因此，从入学起就要通过讲授知识、学生座谈、主题班会、团员或队员活动、请专家作报告、开展有关上网的专题讨论或辩论、榜样示范等形式多样的方式进行网络知识教育、网络道德规范教育，帮助他们认识网瘾的危害，自觉远离网瘾。随后以融合于相关课程教学，开设《网络法》、《网络伦理》、《网络文化》、《网络交际》等专门选修课的形式进行引导和教育，再以学生管理工作中的网络媒介素养教育贯穿始终。其目的是提高学生对网络沉迷危害性的认识，使学生突破自己长期形成的学习模式，意识到网络学习是一种新的获取知识和技能的学习方式，在网络学习中充分发挥自己的积极性和主动性，不能简单地将网络作为一种娱乐、通信工具来看待，要以网促学而非以网误学，更好地利用网络发展自己各方面的能力。另外，还要求教师在教学中应具有网络教育意识，注重对学生网络学习能力的培养，加强对学生利用网络学习的指导，课堂上可推荐学科相关优秀网络资源，使网络真正成为学生学习知识、了解资讯的工具。

第二，加强学校网络硬件建设。政府应加大学校网络设备的投入，校内网要安装“过滤器”，剔除不良信息对学生的“干扰”。开辟校园网吧，增开校园电子阅览室，延长计算机房的开放时间，开通学生公寓网络等，将学生上网的地点从校外转移到校内，以便于监控。同时，采取限制流量的方式，尽量避免学生过长时间使用计算机。此外，可以增加硬件投入，提高浏览速度，节约不必要的上网时间。

第三，创建多元的校园文化。政府应支持各级、各类学校精心设计一些大多数学生都能参与、每个人都有机会成功的多元校园文化活动，如“校园吉尼斯大赛”、“校园网络歌曲大赛”、校园版的“超级女声”等活动，让学生在参加活动的过程中不断地成长和提高，充分展现自我，并在活动中找到友谊、自信心、成就感和荣誉感。通过这些贴近学生、贴近生活的校园文化活动使学生认识到，现实社会中每一个平凡的人都有机会实现成功，实现自己的价值。积极引导大学生将业余时间用于各种健康的校园活动中，使大学生有意识地将视线从网络上转移，培养自身广泛的兴趣爱好以及健康向上的休闲方式。

第四，采取有效的心理干预措施。冰冻三尺非一日之寒。政府应督促学校倡导健康的学习生活，在健康教育计划中引入有关“网络上瘾症”的内容，让学生了解青少年学生上网成瘾的危害，让他们更好地规范自己的上网行为。针对网络依赖和网络成瘾的大学生制订可行的干预措施，尽早实施。团体辅导和个体干预相结合，降低学生网络成瘾率。重点关注已经成瘾学生的身体健康状况，运用适当的心理咨询和干预治疗方法，促进其各项因子指标好转，把网络对学生身心发展的负面影响降到最低程度。

第五，完善学生日常管理制度并加大执行力度。“不以规矩，不成方圆”，规章制度是规范一个人行为的有效措施。学校要完善上课考勤制度，加强对学生上课出勤方面的约束。宿舍要强化就寝管理，对学生的就寝情况要制定制度进行常规性的定期检查，并且要与经常性的不定期检查相结合；学生宿舍楼的大门要定时关闭，在关闭期间禁止学生随意出入；学生宿舍要有严格的作息制度，到深夜要切断电源和网络信号供应，使学生无法通宵上网。与此同时，高校还应积极与家长沟通，让家长与子女之间加强交流与沟通，关心他们的思想、学习、交友、处事等。事实证明，一些网络成瘾大学生的转变，家长起到了至关重要的作用。虽然此举对大学生来说有点生硬，但对于不够自觉的学生来说不失为较有效、较简单的办法。

第六，应该规范网瘾医疗机构，加强资质审核。据了解，目前国内各网瘾治疗机构已有 300 多家，每月收取的费用少则五六千元，多则八九千元，一般以 3 个月为一个疗程，而且治疗期间家长往往还要陪同孩子在治疗机构吃住。几个月下来，花个两三万元甚至四五万元再平常不过。有一位父亲为给孩子医治网瘾，3 年来已经耗费百万元之巨。但是钱花了，孩子回家后不但网瘾依旧，而且变本加厉地痛恨父母，甚至不再相信任何人。比收费偏高更让人担忧的是各网瘾治疗机构的资质及治疗手段。目前，国内网瘾治疗机构有医院附属的、学校开设的、还有私人经营的。各种网瘾治疗机构采取的手段也五花八门：除了一般的心理辅导治疗外，有用药物治疗的、有用电击的、有干脆直接用暴力的……还有人正准备对网瘾孩子的基因进行研究。对网瘾治疗，国家有关部门一直没有一个明确的规范和科学的管理，导致在戒除网瘾过程中出现了很多问题。所以，规范网瘾医疗机构、严格准入资格、加强资质审核，是政府在青少年网络成瘾干预课题上的另一项紧要的任务。

总之，学生网瘾的防治是一个复杂的系统工程，关系国家经济繁荣和发展，关系国家安全与社会和谐，关系国家主权、尊严和人民根本利益。网瘾对青年学生的生活、学习和健康产生了很多负面影响，在对学生进行网瘾的干预时，需要从政府、社会、学校、家庭和学生自身等多方面入手。净化社会大环境，政府有关部门应当高度重视对网吧的管理和规范。学校和教育工作者应重点加强培养青年学生的个性品质，加强与学生的沟通和交流，开展有针对性的心理咨询工作，引导青年学生正确使用互联网，学会正确对待人际关系，适应不断变化的社会环境。加强校园文化建设，丰富学生的业余文化生活。社会、学校等各自从不同的角度对青年学生进行多方面的教育，网瘾是可以预防的。相信青年学生通过政府、社会、学校的有效管理和自身的努力，能够重新回归阳光的生活，让校园回归安静和博雅。

第八章

网络伦理研究展望

伴随“四大汇聚技术”的迅猛发展，网络技术的应用日益普遍且不断与其他技术融合。未来网络技术的应用将给社会的生产，以及人们的生活乃至思维方式和思想观念带来深远的影响，当然，随之而来也会产生许多新的问题。预见新的伦理问题，探索应对伦理问题的对策，仍然任重道远。

第一节　物联网伦理研究

物联网（the internet of things）是新一代信息技术的重要组成部分，即“物物相连的互联网”。它有两层意思：第一，物联网的核心和基础仍然是互联网，是在互联网基础上延伸和扩展的网络；第二，其用户端延伸和扩展到任何物体与物体之间进行信息交换和通信。未来物联网的发展会把我们的生活拟人化，万物将成为人的同类。物联网用途十分广泛，遍及智能交通、环境保护、政府工作、公共安全、平安家居、智能消防、工业监测、环境监测、老人护理、个人健康、花卉栽培、水系监测、食品溯源、敌情侦查和情报搜集等诸多领域。可见，随着物联网的发展，将出现的伦理问题也会遍及各个相关领域，对人们的行为和社会的稳定产生重要的影响。物联网伦理问题，主要表现为安全问题。

物联网的主要技术支持是射频识别芯片的应用。在射频识别系统中，标签有可能预先被嵌入任何物品中，而该物品（如衣物）的拥有者并不一定能够觉察该物品预先已嵌入有电子标签以致自身可能不受控制地被扫描、定位和追踪。这种情况的直接影响是个人的隐私受到侵犯，而本质问题是个人安全。对国家安全而言，这种技术应用势必导致国家秘密的泄露，而危及国家安全。因此，如何确保标签物的拥有者个人隐私不受侵犯、国家安全受到保护，是射频识别技术以及物联网推广的关键问题。

安全问题不仅关涉国家与国家之间的关系，而且关涉人与人之间的伦理关系。为有效解决这样的问题，需要在如下两个方面加以建设。

1. 技术标准和政策法规引领

物联网是与互联网连接形成的未来图景，这项技术的实现需要国家政策引领，同时也要求适当的技术标准和规范约束。例如，20 世纪 90 年代美国的信息高速公路计划，不但政府进行投资，而且在产业政策上给予了极大的支持，导致美国的信息产业高速发展。正是在政策引领下，目前全世界基于 PC 和互联网的信息产业完全控制在美国人手里。美国不仅获得了巨大的经济利益，而且获得政治利益，同时在文化和价值观传播等方面都显见巨大作用。

2. 建设安全体系和管理平台

射频识别芯片技术的应用使他人能对自身以外的个体行为进行感知，例如，产品的竞争对手可以感知到对方的相关信息，从而对竞争对手构成威胁。怎样在商场竞争中做到在感知、传输、应用信息的过程中，使有价值的信息为我所用而不被别人利用，尤其不被竞争对手利用是一个难题。基于这样的考虑，建设一个强大的安全体系十分必要。在应对安全问题时，如何屏蔽有价值的信息是一个非常复杂的问题，对管理平台的提供者而言，如果不能有效解决安全问题，或许在未来的某时，有价值的物联网会成为给竞争对手提供信息方便的平台，从而造成恶性竞争和人权侵扰。

上述问题是网络技术在未来发展中可能引发的值得关注的问题。

第二节　网络药品信息服务伦理反思

随着网民人数的增加，越来越多的人利用互联网医药信息来提高和改善自己的健康状况。互联网具有共享性和开放性，人人都可以根据自己的意愿发布信息或获取信息，不受现实社会中各种法律道德的约束，因而网上信息安全问题令人担忧。

从目前的调研情况看，互联网上难辨真伪的医药网站以及以假乱真的网上药品信息屡见不鲜。一些网站由所谓的“医学专家”进行在线诊断，而这些“医学专家”大部分都是由不良商家雇佣的所谓“专业人士”扮演的，这种咨询的最后目的旨在诱导消费者购买他们生产的药品。还有一些网站未通过有关部门审核擅自在互联网上提供医疗保健或药品信息服务，乘机渔利。①

从技术层面看，网络安全的绝对性将受到质疑。网络技术的安全问题包括网络系统的操作平台、应用软件及相关搜索引擎的技术筛查是否过关等。但从目前的互联网技术看，由于发明的网络技术产品不可避免地存在“后门”和“漏洞”等缺陷，因此很多危害网络信息安全的事件时有发生。

从人为因素分析，网络的特性已经造成信任、责任心等优秀道德品质的缺失，导致网络伦理问题的发生。加之互联网管理的法律法规体系

① 李雪墨．重拳严打虚假医药网站．中国医药报，2009-7-30（A03）．

还不健全，已经出台的网络法规的等级低、效力有限，许多法律法规条款都是声明性的内容比较多，操作性的内容比较少，如很多违法行为只规定了空洞的概念条款，难于实际考察等[①]。

这些因素将直接导致对患者和服务对象的危害，病人不但接受虚假信息，造成判断错误和误用药物，而且将使病人隐私权受到侵犯。

隐私是由于信息技术飞速发展和信息社会到来而备受关注的概念。不同的学科领域对隐私概念的争议有很多。隐私在计算机和信息伦理学领域是一个道德价值概念。在一般的道德意义上，隐私可以被认为是民主社会特征的道德价值的重要内容。在医学领域中强调隐私的保护，目的在于发展和培养病人的自主性和自我选择能力。可以说，信息保证和隐私保护是紧密协同的，其两个术语均指安全的概念。[②] 关涉个人信息的伦理保障重点是隐私保护。隐私是由人的需要、权利和尊严共同构建的整体概念。[③] 医学信息的隐私涉及个人的健康信息，如医疗、疾病及健康状况。事实上，病人并不期待个人健康信息被他人滥用或无端泄露。

可见，网络药品信息服务引发的伦理问题是网络伦理研究的个案，也是未来不容忽视的一个热点。

第三节　网络民主政治的伦理影响

网络不仅涉及人们的生产、生活，而且关涉政治领域的民主权利保障。如网络选举、网络政治言论等，这些内容均与人们的政治生活相关，当然，随着政治影响的扩展，也会构成一定的社会影响。

网络民主政治的伦理影响主要从人与人之间的关系进行研究。网络

---

① 沈聪，赵迎欢．互联网药品信息服务问题的原因分析．亚洲社会药学，2010，5（3）：155-159.

② Mahmood M A. Responsibility for information assurance and privacy：a problem of individual ethics？. http：//scholar. google. com/scholar？. 2008-01-22.

③ Van den Hoven J. Information Technology，Privacy，and the Protection of Personal Data. England：Cambridge Press，2000：2，10，17，21.

的一系列政治活动关涉人们的权利和尊严，如不良的政治言论和人身攻击，将造成对人的心理和健康的严重影响；不健全的网络选举和投票，可能会导致金钱左右政治，等等。

网络舆论是社会舆论的新型传播模式。网民每天都会就重大问题和热点问题在网上开展讨论，它有助于公民实现知情权、参与权、表达权和监督权。[①] 网络舆论同样是双刃剑。如果不负责任地发布信息和散步谣言，就会带来人与人之间的不良情绪和恶劣影响。良好的网络舆论的建立需要培养公众的公共意识、民主观念和社会责任感，使公众在面对热点问题时做出理性思考和正确选择。

目前，网民的政治参与频率已经从偶发性转向长期性，并且越来越显现组织性特征。因此，正确实施网络舆论引导和健全网络伦理规范体系十分必要。例如，为纪念“七七事变”67 周年，南昌网友于 2004 年 7 月 3 日举行了一次组织化的网络政治参与活动。[②] 可见，有效规范网络参政秩序、健全法律保障和伦理规范体系势在必行。

---

① 孙士生．网络：民主政治建设的新平台．领导科学，2009，(6)：54-55.

② 张丽红．论舆情视角下网民政治参与的发展态势及其对策．天津大学学报（社会科学版），2009，(5)：463-464.

结束语

网络技术与生物技术一样，不仅与人类的生产和生活息息相关，而且与人类的行为选择密切相连；不仅对人类的交往方式产生深远的影响，也将改变社会的结构及挑战国家之间的关系。与网络技术应用紧密相伴的网络伦理研究，是网络社会人们必须面对和回答的课题。在网络这样一种特殊的交往活动中，如何防止把个人隐私作为牟取经济利益的手段，已经构成网络时代的首要伦理冲突；网络“黑客”的出现已经将个体人的道德觉悟和道德水平提升到空前的高度加以认识；在网络行为中，个体如何处理好知识产权保护和信息资源共享的关系都成为当代技术伦理和网络伦理研究的重中之重。

通过对网络伦理关系的深刻分析，从网络技术与网络伦理的关联性入手，分析了网络社会中人与人的关系、人与网络技术的关系和“虚拟人”与现实社会的关系，分析了网络伦理的“7P”问题及产生这些问题的物质根源和思想根源，提出建构网络伦理规约的必要性和可行性。

第一，网络技术的价值决定网络伦理的价值。技术的价值论理论告诉我们，技术是具有价值负荷的。网络技术在使社会发展变化的同时，也带来许多负面影响，这些影响中最主要的问题集中在网络病毒的侵扰和知识产权保护问题，而造成这些的问题的主要原因是网络的特殊性和个体的道德相对主义、个人主义和自由主义的思想的困扰。

第二，网络伦理同样具有其他伦理的共同特征，即实践品格。但网络伦理孕生了与互联网特点相连的普适性，它跨越时空和地域的疆界，对不同文化背景和价值观念的个体和群体构成约束。网络技术的发展性决定了网络伦理的开放性；网络技术的文化性决定了网络伦理的民族性和普适性的统一；网络技术的主体能动性决定了网络伦理的主体自律性。网络技术伦理与网络伦理是包容关系，网络技术伦理突出了网络伦理的一个方面。网络伦理将网络技术与伦理文化的结合，不仅从技术与社会关系的角度研究人，而且从社会与技术的角度研究技术发展，研究技术发展与人的关系，人与社会发展的关系。透过这些现象的研究，不难得出这样的结论，网络主体行为选择的伦理性高低，直接与人的尊严和自由之间构成内在联系。主体对人的尊严与自由的尊重构成网络伦理的本质。

第三，网络伦理探究不能离开伦理学研究的内核谈伦理。在伦理学理论中，其内核是伦理的规范体系，包括伦理原则、伦理规范和伦理范畴。不论哪个内容，事实上都不能不挖掘内容后面的理论根基，因此，就要探究规约的理论基础。网络伦理规约的理论基础是义务论、美德论和公益论。伦理作为道德的同义语，已经将美德和义务内涵其中，而网络作为一个广泛应用和触角延展的新生存方式和生存环境，个体行为绝不是单纯的孤立存在方式，而是与人和现实社会发生着千丝万缕联系的、具有公益性质的行为。网络主体行为的道德性和理智性，都会展现出主体的公益品格。

研究伦理规约的理论基础，其主要目标在于阐明网络伦理规约的要义，从而揭示网络伦理规约的作用机制。

一是以公正无害为伦理原则。由于网络具有开放性和世界性的特点，公正无害是网络实践者应该遵循的最基本的伦理原则。它要求实践主体不仅要关心他人的存在、他人的感受、网站的利益，以及后代的网络环境，而且要注意自己的网络技术行为不会给其他网络主体和网络空间造成直接和间接的伤害。任何网络病毒和网络犯罪都是违背这一原则的。

二是以尊重信用为伦理规范。网络技术的“虚拟化”往往误导实践主体对网络环境的正确判断。网络的主体是现实的人，而不是“虚拟的人”——机器。网络是人与人之间关系的网络，这就必然要求实践主体在行为的过程中彼此相互尊重，尊重个人的隐私、尊重个人的自主选择。同时还应在实践中自觉地确立人们认可信用和处理信用契约关系的伦理理念。

三是以内心信念为伦理范畴。在伦理学规范体系的建构过程中，伦理原则是“总纲”，伦理规范是“目”，伦理范畴是“纲”和“目”相交织形成的“网”上的“纽结”。伦理范畴是构成伦理规范体系最核心、最本质、最普遍的概念。内心信念即人们通常所说的良心，它是伦理原则、伦理规范在行为主体内心深处的高度统一所产生的道德责任感。人们在内心信念的支配下，在实践中自觉地践行道德。

上述三维伦理建构，充分地借鉴了国外网络技术伦理建构经验，结合网络的新特点应运而生。

第四，网络社会的发展打破了传统的法律监管模式，宣布了它的局限性。人们只有在网络发展的实践中积极探索符合技术发展趋势的监管手段和措施，制定出具有针对性的监控网络信息行为的法律法规，才能真正有效地规范和约束主体的行为，确保网络信息活动能够安全、健康、有序地运行。

对网络进行监管，不仅需要伦理规范、法律规范、管理规范，而且需要伦理、管理与法律的协同，制度安排是网络伦理建构的首要内容。制度安排具有前置性、过程性和强制性特征，是最有效和最人性化的控制机制，它不带有个体的感情色彩和掺杂个人的恩怨，也不是后发而制，而是防患未然。法律可以强化道德规范的效力，可以在网络社会中进行权利义务分配，可以确认网络的自由、保障网民的权利，规范网络秩序、规制政府的权力，进而通过制定符合民主和法制要求的网络法律规则，实现网络社会和网络生活的有序化。管理协同是一种方法科学的制度约制，它通过人对人的作用和影响来实现和完成。它不是生硬的制约，而是充满人性化和伦理精神的价值目标管理。

网络伦理研究是一个开放的领域，尽管在研究过程中已取得一定成果，但还有许多不足之处。对于网络伦理困境的根源的分析还需进一步深化；网络伦理规约的理论基础尚需进一步论证；网络伦理的社会协同体系建设的研究还有待深化。

后　记

本书是在我东北大学科技哲学博士论文基础上充实、修改而成的。

我萌生读博士的愿望既是出于对知识的渴望，也源于我对博士的敬仰。我的求学生涯历经艰辛，2001 年经过多年的努力终于拿到大连理工大学马克思主义理论与思想政治教育专业研究生毕业证和硕士学位，给了我继续学习的信心和条件。十分感谢陈昌曙教授，在了解了我的成长经历和求学的迫切心情后，能录取我为他的学生，向我开启探求科学技术哲学奥妙的大门。入学以后，每次去书店只要见到科学技术哲学方面的书，我就买回来翻阅、研读，这使我逐渐领悟了一点科学技术哲学的真谛。遗憾的是先生因身体原因无法带我完成学业。

非常感谢我的导师陈凡教授。自从师承陈凡教授后，我的学业有了新的长进。是恩师及时给我确定了适合我学习、研究背景的论文方向，使我从漂浮中找到了前行的航标。在老师的悉心指导下，我逐渐进入到虚拟世界，努力探究网络社会给人类带来的全面发展的机遇和困境的超越。在论文写作的过程中，老师的一次次点拨都常使我茅塞顿开，使我不断找到技术哲学的感觉。

感谢东北大学文法学院科学技术哲学研究中心的各位老师在我学习期间给予我的亲人般的关怀和帮助，感谢远德玉教授、娄成武教授在我读书期间给我的教诲和帮助。感谢罗玲玲教授、李兆友教授、郑文范教授、邢怀滨教授、秦书生教授给予我的论文开题、写作及预答辩全过程的指导和帮助。感谢王健老师在我完成学业和论文写作过程中的鼓励、帮助和指导。

感谢陈红兵、包国光、曹东溟、马会端、李权时等老师的耐心教导、启发及多方面的帮助。各位老师的真知灼见，开阔了我的眼界，理清了我的论文思路，丰富了论文的内容，并使其结构更趋科学、合理。

我还要特别感谢赵迎欢教授、杨丽娟博士在我论文写作过程中给予我的无私帮助和指导。论文能以著作形式出版更与赵迎欢教授的热情鼓励、倾力帮助分不开。实证研究部分，是我作为主持人立项的沈阳市社会科学界联合会课题、辽宁省社会科学基金课题结项研究报告的部分内容，融合了我带的硕士生秦溪，以及我的科研团队骨干韩巍岩副教授、董海浪博士的智慧和劳动，董海浪博士还帮助我对著作样稿进行了校对。值此著作出版之际，一并向他们表示感谢！

我也要感谢我的妻子王玉洁和我的女儿宋悦铭。在我攻读博士期间，繁重的工作压力和学业负担曾使我两度因为面肌痉挛而入院做手术，是妻子用真诚的爱，帮我战胜了疾病，也给了我战胜困难的勇气和信心。妻子和女儿的关心、鼓励和督促，使我摆脱了迷茫时的烦恼，坚定信心去完成学业。我也要感谢我的兄长宋吉胜，父亲早逝，是哥哥把我养大成人，鼓励我不断奋斗，使我能够走到今天。感谢我的岳母在我整个求学历程中给予的帮助，老人家的大力支持使我能十几年如一日地安心学习和工作。

最后，我要感谢我所在的学校，是学校给我不断提供在职学习进修的机会，才使我能够站在博士答辩的讲台，才有今天的著作出版。感谢我身边工作的同事，他们既给我的研究提供了大量的方便，也给了我许多鼓励、支持和帮助，使我能够比较顺利地完成一系列的研究项目。感谢白雪峰、赵森、焦阳、孙琪等同事在计算机技术、打字、印刷、校对等方面给予的帮助。

我也要对本书引文的作者表示衷心的感谢！感谢科学出版社科学人文分社樊飞等编辑老师的帮助与支持，是他们认真、高水平的编审工作使书稿不断臻于完善，得以顺利出版。

宋吉鑫

2012 年 5 月